体育运动训练丛书

Swimming Anatomy

游泳运动系统训练

【美】伊恩·麦克劳德（Ian Mcleod）著 朱敬先 译

人民邮电出版社

北　京

图书在版编目（CIP）数据

游泳运动系统训练 / （美）麦克劳德著；朱敬先译
. —— 北京 : 人民邮电出版社, 2015.2
ISBN 978-7-115-37597-1

Ⅰ. ①游… Ⅱ. ①麦… ②朱… Ⅲ. ①游泳—运动训
练 Ⅳ. ①G861.102

中国版本图书馆CIP数据核字(2014)第286772号

版权声明

免责声明

本书内容旨在为大众提供有用的信息。所有材料（包括文本、图形和图像）仅供参考，不能用于对特定疾病或症状的医疗诊断、建议或治疗。所有读者在针对任何一般性或特定的健康问题开始某项锻炼之前，均应向专业的医疗保健机构或医生进行咨询。作者和出版商都已尽可能确保本书技术上的准确性以及合理性，且并不特别推崇任何治疗方法、方案、建议或本书中的其他信息，并特别声明，不会承担由于使用本出版物中的材料而遭受的任何损伤所直接或间接产生的与个人或团体相关的一切责任、损失或风险。

内 容 提 要

《游泳运动系统训练》阐释了游泳运动的原理，提供了帮助强化肌肉力量和优化泳姿的 74 项游泳训练，帮助使用者实现更有力的起跳，更具爆发性的转身，更快的游泳速度，同时降低游泳运动伤害。

◆ 著　　　　[美] 伊恩·麦克劳德（Ian Mcleod）
　　译　　　　朱敬先
　　责任编辑　李 璇
　　责任印制　周昇亮
◆ 人民邮电出版社出版发行　　北京市丰台区成寿寺路 11 号
　　邮编　100164　　电子邮件　315@ptpress.com.cn
　　网址　https://www.ptpress.com.cn
　　涿州市般润文化传播有限公司印刷
◆ 开本：690×970　1/16
　　印张：12　　　　　　　　　2015 年 2 月第 1 版
　　字数：195 千字　　　　　　2025 年 9 月河北第 38 次印刷
　　著作权合同登记号　图字：01-2014-4923 号

定价：49.80 元
读者服务热线：(010)81055296　印装质量热线：(010)81055316
反盗版热线：(010)81055315

作者简介

全世界最大的游泳组织，美国游泳协会（USA Swimming）特邀伊恩•麦克劳德（Lan McLeod）撰写这本《游泳运动系统训练》。麦克劳德与世界级的运动员，尤其是游泳运动员拥有丰富的合作经验。他不仅是认证运动教练员和按摩师，还是2008年北京夏季奥林匹克运动会美国国家队医疗组成员之一。同时，他还担任弗吉尼亚大学和亚利桑那州大学体育项目的常驻运动教练员。

麦克劳德与美国游泳顶级实力网（USA Swimming's High Performance Network）有着很深的渊源，这个组织是由在国内国际会议上支持美国游泳运动员的保健专家志愿者们建立的。他被该组织授予最高荣誉——金标准奖。麦克劳德还是2004年雅典夏季奥林匹克运动会埃及国家游泳队的按摩师。他还为诸如ED•摩西（ED Moses），凯特琳•桑德诺（Kaitlin Sandeno），娜塔莉•考夫林（Natalie Coughlin）和贾森•莱扎克（Jason Lezak）等明星游泳运动员提供体育训练和运动按摩。

麦克劳德现与妻子和两个孩子居住在亚利桑那州的坦佩。

目录 CONTENTS

1 运动中的游泳者

CHAPTER

《游泳运动系统训练》是一本指南书。它不只是针对骨骼肌系统在四种复杂的泳姿中的作用，同时也针对由游泳衍生的陆上运动，以及健身房的锻炼。书中介绍的锻炼方法，可以帮助你达到最好的运动水平，获得更好的成绩。书中的一些特殊例子会帮助你选择适宜的锻炼方式，针对你游泳过程中的每一次入水、出发、转身中最常使用的肌肉，以确保你的锻炼方法可以获得最佳的效果。其中一些锻炼，可以帮助你稳定你的肌肉，并增强肌肉的平衡感，来防止运动损伤。为了帮助你了解这些训练方法如何促进你的运动水平，本章对在水中推动一个游泳者的肌肉群如何发挥作用进行了描述，并针对这些肌肉选择适当的训练方法进行指导。本章介绍了在自由泳、蛙泳、蝶泳和仰泳中，不同的动作阶段包括踢腿动作中、前进及恢复阶段中起主要作用的肌肉。本章同时还介绍了一些力量与健身训练原则，以及它们与涉及游泳相关的陆上训练之间的关系。CHAPTER2至CHAPTER8是根据身体主要部位排序的，每一章都包括相应的训练方法，同时包括相应的插图，以及容易理解的描述及指导。在解剖插图中，每个练习中及在特定的游泳动作中发挥作用的主要、次要肌肉和结缔组织都用不同的颜色标识出来。

■ 主要肌肉群　　■ 次要肌肉群　　□ 结缔组织

在游泳运动中，游泳者面对的一些挑战是大部分陆上运动者无法遇到的。在四种复杂的泳姿中第一个挑战就是全身性的一种运动方式，它需要上下肢同时的运动。骨骼肌系统需要协调运作，以保证身体的各个部位都正确地运动来确保身体在水中运动时发挥最高效率。为了使这种协同效应更直观，可以将身体想象成一条长链，而身体的每个部位则是链条中的一个环节。因为所有的部分都是连接在一起的，所以一个部分的运动，直接影响其他所有的部分。这种连接通常被称作运动链，可以使上肢产生的力量通过躯干传导到腿。但是如果链条中的一个环节薄弱，那么力量传导就会有损失，而身体运动就会不协调，发生运动损伤的风险就会增加。

　　游泳运动另一个与其他运动不同的要求就是，需要游泳者建立他们自己的支撑基础平台。陆上运动的运动员一般都有一个稳定的平台可以来支撑，而游泳运动则不同，一般都需要建立自己的支撑平台，因为大部分训练都是在液体环境下进行的。因此游泳运动有力且稳定的核心就是在水中将上肢运动和下肢运动连接起来，并且同时产生一个稳定的支撑的基础。这个核心一般认为是建立在上肢及下肢肌肉的基础上。即使再坚固且设计良好的房屋，如果地基薄弱，则一样会坍塌的。

　　毋庸置疑，游泳运动本身是使游泳者变得更快更强的最有效的方法，但是在游泳池外仍然有很多方法能够帮助游泳者的发展，其中的一个就是建立在对身体的肌肉框架以及游泳动力学之间的关系充分了解的基础上，设计良好的陆上运动计划。在游泳运动中，肌肉的主要功能是移动身体的一部分或稳定身体的一部分。其中移动身体的肌肉之一是背阔肌，它在四种泳姿的推进阶段，都起到在水中移动手臂的作用。而核心腹部肌肉几乎持续不断的活动是作为稳定身体中最重要的代表肌肉群。这两种功能对于合适的游泳技巧以及在水中高效的移动身体，都是非常重要的。四种游泳姿势的不同阶段，包括推进、转身以及踢腿阶段中用到的不同的肌肉动员形式，在本章中有分别介绍。

　　在后面的章节有关训练方法的介绍中，你会发现有一系列共五种图标，其中四种分别代表四种泳姿，另外一个代表出发和转身，这些图标的目的是为了明确某种练习是特别针对其中哪一种进行的。

1.自由泳

　　当手进入水中，紧接着腕关节和肘关节跟着胳膊伸展，这就是自由泳推进阶段的起始姿势。肩胛骨的向上旋转能够帮助游泳者的身体在水中达到一个伸长的姿势。从这个伸长的姿势开始，推进阶段的第一部分是抓水。这一动作最开始是

由胸大肌的锁骨段带动。然后背阔肌快速加入协助胸大肌。这两种肌肉产生在水中拉动的大部分动力，尤其是在拉动阶段的后半程中。在整个推进过程中，腕曲肌负责将腕关节维持在轻微伸直的姿势。在肘关节处，肘屈肌（包括肱二头肌和肱肌）在抓水阶段的开始时进行收缩，将肘关节逐步由完全伸直拉到约30度的屈度。在接近推进阶段的最后部分，肱三头肌开始伸直肘关节，将手从后向前越过水面，从而结束推进阶段。整个推进的总距离取决于你特定的游泳技巧，以及你开始进入恢复阶段的具体时间点。在恢复阶段起主要作用的肌肉主要是三角肌和肩袖(冈上肌、冈下肌、小圆肌及肩胛下肌)，它们的作用是将胳膊和手在臀部附近的位置从水中移出，移向头部前方的位置，来准备下一个入水动作。自由泳的手臂动作是两臂相交错的，这就说明当一只胳膊在推进时，另外一只就处在恢复阶段。

在推进阶段和恢复阶段中，都有一些肌肉群的功能是保持稳定性。其中最重要的成分就是肩带的稳定肌肉（胸小肌、肩胛提肌、菱状肌、斜方肌的中部和下部和前锯肌），如它名字所描述的，它们的作用就是锚定或稳定肩胛骨。这些肌肉群能正常地发挥作用非常重要，因为整个的推进力量都是在肩胛骨的稳定性基础上，由上臂和手带动的。另外，肩胛骨的稳定装置，同三角肌和肩袖一起在恢复阶段中将手回位。另外，核心稳定装置（胸小肌、肩胛提肌、菱状肌、斜方肌的中部或下部和前锯肌）也是高效的运动技巧所必需的，因为他们将上下肢的活动连接起来。这种连接在自由泳中，是整个身体轴协同运作的中心。

同上肢运动一样，踢腿动作也可以被分为推进阶段和恢复阶段；他们也被称作下踢腿和上踢腿。推进阶段（下踢腿），起始于髂腰肌和股直肌所带动的臀部活动。在髋关节开始伸直时，紧接着股直肌也带动膝关节开始屈曲。股四头肌（外侧头、内侧头和中间头）也加入股直肌，来帮助膝关节产生更强力的屈曲。同推动阶段一样，恢复阶段也起始于髋关节处臀部肌肉的收缩（主要是臀大肌和臀中肌），然后紧接着是腘绳肌的收缩（股二头肌、半腱肌和半膜肌）。这些肌肉群的功能都是伸直髋关节。在整个的踢腿阶段，由于腓肠肌和比目鱼肌的收缩，以及来自下踢腿时水产生的压力，脚一直是保持在平伸的姿势的。

2.蝶泳

蝶泳与自由泳最大的不同在于蝶泳中两手臂是同时运动的，而在自由泳中是交替的运动。由于蝶泳和自由泳在水下的推进方式相同，所以它们所使用的肌肉群几乎是一样的。同自由泳一样，蝶泳的水下部分推动阶段是由伸长的手臂起始。在整个推动阶段所动员的肌肉包括胸大肌和背阔肌，它们主要起推动作用，而腕曲肌主要维持腕关节在一个中立到轻度弯曲的位置。肱二头肌和肱肌主要负责肘关节的运动，从一开始抓水阶段中的完全伸直，到推进阶段中段时的40度左右的弯曲。与自由泳不同，在推进阶段的最后过程中，蝶泳中肘关节需要一个强力的伸直，这就对肱三头肌产生了更高的要求。同自由泳一样，肩袖和三角肌负责在恢复阶段移动手臂，但是它们之间的机理却不太相同。蝶泳缺乏像在自由泳中那样的身体的转动来辅助恢复，作为替代，整个躯干弯曲来将整个上部躯干带出水面，以辅助恢复过程。

同样的，肩胛骨稳定肌肉至关重要，它们在推进阶段，上臂产生推进力时提供一个稳定的锚定点，同时在恢复阶段帮助把手臂回位。虽然在蝶泳中身体不像在自由泳中那样转动，但是核心稳定肌肉仍然非常重要，因为它们将上肢和下肢的运动连接起来，这对游泳者在蝶泳的恢复阶段中将躯干的上半部分抬离水面所产生的起伏状运动非常重要。起伏状的运动起始于椎旁肌肉的收缩，它们几组一起，从背部的下方一直延伸到颅骨的底部。

这种收缩导致的结果就是背部弓起，而同时手臂在恢复阶段中开始移动。腹部肌肉的收缩紧随其后，为恢复阶段中上半部躯干随着手臂而进入水中而作出准备。

同手臂一样，在蝶泳的踢腿阶段，产生蹬踢动作所使用的肌肉与在自由泳中踢腿时所使用的肌肉完全一致；而踢腿机制唯一的不同就是在蝶泳中双腿是沿一个方向运动。推进阶段的下踢腿动作起始于髂腰肌、股直肌的收缩，它们使髋关节屈曲。股直肌同样引起膝关节的伸直，同时四头肌群其他肌肉也加入伸直膝关节。通过水的阻力以及腓肠肌和比目鱼肌的收缩产生的结合力量，脚始终保持水平伸直位。在比赛的开始以及每一个转身离墙的过程中都要使用到海豚踢，它会动员更多的肌肉群，产生的结果是在手臂的动作之后紧接着一个更加独立的踢腿动作。除了由腿部及髋部产生动作，海豚踢时，核心稳定肌肉和椎旁肌肉系统收缩，引起整个躯干的起伏动作。

3.仰泳

　　虽然仰泳在四种泳姿中的身体姿势是独特的，但是它仍然可以被分为由手入水部分、抓水部分和结束部分组成的推进阶段以及恢复阶段。在仰泳中，肩部的旋转使得小指首先进入水中。与肘关节的伸直姿势相结合，游泳者在开始水中的推进阶段时，呈现出一种整体拉长的姿势。仰泳与自由泳和蝶泳所不同的是，抓水部分起始于背阔肌的收缩。胸大肌起到一定辅助作用。除此之外，背阔肌和胸大肌仍然是产生动作的主要肌肉，并且在整个推进阶段都起到一定的作用。腕屈肌仍然在整个推进阶段中起非常重要的作用，它使腕关节保持在一个中立至轻度伸直的位置。通过水的压力结合肱二头肌和肱肌的收缩，肘关节在抓水的开始阶段维持一个将近45度的屈曲。在抓水的结束阶段肘关节可能弯曲到将近90度，然后紧接着进入结束部分。同蝶泳的最后阶段相同，仰泳推进阶段的最后一部分动作重点是肘关节的强力伸直，这就对肱三头肌提出很高要求。

　　仰泳中稳定性肌群的作用与自由泳的非常相似，这大部分是因为这两种泳姿中同样都有上肢的交替运动以及身体的整体转动。

　　仰泳中的踢腿动作是由我们前面介绍的自由泳和蝶泳的踢腿技术结合而成。同自由泳一样，仰泳使用的是交替踢腿的方式。而不同的是，游泳者的姿势导致主要由上踢部分完成力的产生，与自由泳的下踢完全相反。仰泳的出发以及每个转身离墙阶段同样使用海豚踢。动作所动员的肌肉与前面完全一致，唯一的区别就是由于游泳者身体姿势不同所造成的方向不同。

4.蛙泳

　　同其他几种泳姿一样，蛙泳的上肢动作同样被分为推进阶段和恢复阶段。推进阶段起始于肩膀及前臂伸直，超过头顶的位置。在水中推进的前半程与自由泳和蝶泳相似。胸大肌的锁骨部分启动该动作，随后背阔肌快速加入。在推进的后半程中，胸大肌和背阔肌强力的收缩，带动手和上臂到身体中线的前方，进而完成推进动作。最后阶段产生的力直接将游泳者在水中向前推进的同时，在椎旁肌肉收缩的帮助下将游泳者的躯干向上推动。这个动作将游泳者的头和肩膀带出水面。肘关节的屈曲和旋转将手带到身体中线，同时标志着进入了恢复阶段。在恢复阶段中，为了将手带到起始的位置，手臂必须从胸部下方经过。这个动作的完成所使用的肌肉包括胸大肌、三角肌前束以及肱二头肌长头，这些肌肉的功能都是弯曲肩关节。与此同时肘关节在肱三头肌的帮助下伸直，进而完成了整个恢复阶段，上臂也回到了伸直并延长的起始位置。

　　同上肢动作一样，踢腿技术动作同样可以分为推进阶段和恢复阶段，其中推进阶段可以分为外划部分和内划部分。推进阶段起始时，脚与髋同宽地展开，同时屈曲膝关节和髋关节。然后是外划动作，起始于脚向外旋转，由髋、膝和踝关节协同完成。在脚向外伸出之后，髋关节和膝关节紧接着伸直完成向外划的动作。臀部肌肉系统和腘绳肌的功能是伸直髋关节，股直肌和股四头肌的作用是伸直膝关节。在外划向内化划转变的过程中，膝关节和髋关节没有完全伸直，所以相应的肌肉群仍然保持着他们向内划的作用，直到膝关节和髋关节完全伸直。在内划的开始阶段，腿处于外展位，因此可以通过腿的快速内收而产生力量。通过延大腿内侧上部走形的内收肌群的快速收缩，双腿并拢到一起。为了减少内划过程最后阶段的拖拽，小腿肌肉开始收缩，将脚和踝关节维持在屈曲位。恢复阶段的完成由股直肌和髂腰肌负责屈曲髋关节，腘绳肌负责屈曲膝关节。

5.陆上训练计划

　　尽管这本书的目的不是给出针对所有训练计划的详细内容指南，但是它仍然可以帮助你理解每一个训练对游泳运动的益处，进而可以帮助你决定在什么时间如何选择一个特定的训练方案。例如你需要针对三头肌的训练方案，你可以在

CHAPTER2中找到相应的内容，同时我们会在本章列出一些基本的训练原则和方法。

在制订陆上训练计划时你必须注意以下几个要点。游泳运动的重复性特征会导致游泳者的肌肉不平横发展。例如，胸大肌和背阔肌相对于组成肩关节稳定性装置的小肌肉来说会过度发展（特别是斜方肌和菱形肌的中下部分）。在下肢中，股四头肌和屈髋肌肉往往比腘绳肌和臀部肌肉要发达。这些肌肉的不平衡发展不仅导致力量的不均衡，同时也会造成柔韧性和姿势的不平衡，这就有可能会造成你的损伤，并且影响你取得最好成绩。所以在制订陆上训练计划时你应该包括柔韧性的训练。最近，在柔韧性训练领域中的研究表明，动态的动作和拉伸活动方式可以作为有效的准备活动。动态的运动和拉伸可以与全身活动一起用作低强度的热身练习，同时可以涵盖一些柔韧性训练。陆上训练计划的总结阶段，应进一步关注通过静态拉伸来放松紧张的肌肉群。

在选择相应的训练时需要特别的谨慎。有两个概念可以帮助指导你选择训练方法，它们分别是迁移和孤立。迁移是一种训练方法，可以通过增强肌肉力量来帮助你提高一项特定的技能或者完成一项任务，在本书的情况下这个任务是游泳。迁移可以被分为直接和间接的形式，直接的迁移包括选择一种训练方法，其相关的动作与一种泳姿中主要部分直接相关。例如，使用理疗器俯卧成流线型的练习（见139页），直接模拟了游泳者在出发和转身时的流线型动作姿势。间接性迁移所选取特定的训练方式，它们所针对的肌肉群与一种泳姿中的某一个阶段所使用的肌肉相似，或者是选择特定的训练方式能够迁移成一种特定的游泳动作成分。例如，选择背阔肌下拉练习（见123页），主要针对在各种泳姿中负责移动手臂的背阔肌进行练习。孤立法包括选择一种训练方式，强调特定肌肉或肌肉群来强化某一个区域的力量，这个区域可能是：（1）由于肌肉不平衡导致不发达；（2）对预防损伤非常重要；（3）在游泳者的档案中确定为其薄弱的区域。

陆上训练要注意的另一点是选择哪个模型——传统的力量训练计划还是循环训练计划。传统的力量训练计划包括先一次完成一定数量组数或重复次数的一或两种训练，再进行到下一组训练。这样的计划多用于大学生或更大的年龄组。相反的，循环训练计划包括一系列练习，一个接着一个进行。当（1）陆上训练是在泳池岸上进行，（2）同一时间有一大组游泳者进行练习，或者（3）游泳训练者的年龄不大时，循环训练方式是理想的。循环练习的另一个好处是时间使用上非常高效，可以在很短的时间内完成大量的练习。

为了从传统训练或循环陆上训练计划中获得最大收益，你必须要注意练习的顺序。所有的训练计划都必须从10分钟的热身运动开始，其中包括动态柔韧性训练和低强度的有氧运动。在热身运动后，你需要进行一些针对预防损伤以及核心稳定性肌肉的练习（从CHAPTER5中选择）。

你应该从结合上下肢动作的全身运动开始，然后进行多关节练习，最后是独立练习。例如，在训练上肢和肩带时，你可以从单臂的割草机练习（175页）开始，然后进行杠铃的平凳卧推（75页），最后进行哑铃的二头肌卷曲（35页）。练习的基本的概念是避免先进行肱二头肌的卷曲，因为这会导致肱二头肌的疲劳，当你在进行单臂割草机练习时所举起的总重量就会减少。在训练中你必须避免在主体高质量自由泳练习之前，进行分类训练中的力竭性踢腿训练，因为这会导致你的双腿疲劳，从而限制你从自由泳训练组中获得全部益处。在你完成所有的主体训练之后，你可以花些时间在一些额外的核心稳定肌肉训练，以及静力拉伸和柔韧性训练上。注意你的最终的训练计划应该包括三种以上的训练方式；这里所使用的数量限制只是举例说明。

另一个需要注意的概念是推和拉的练习，推的练习，像俯卧撑以及平板卧推，其主要功能是练习胸肌以及三头肌的力量；而拉的练习， 例如引体向上和坐姿划船，主要的功能是锻炼背阔肌和肱二头肌。由于这些种类的练习所针对的肌肉群都是彼此的拮抗肌，所以在陆上训练中一种训练之后紧接着练习另一个是非常有益处的，因为这种交替进行的练习过程可以在锻炼一种肌肉的同时让另一种肌肉进行恢复。

还有一个问题是你要进行几组以及多少次重复的训练。重复的次数是由你的训练量及训练强度之间的相互关系决定的。训练重复的次数与训练总量相等，而训练的强度则衡量了你在进行特定训练时所付出的努力。这就是说，你在增加了重复特定训练的次数时，对于这个训练你能够达到的训练总强度就会降低。例如，你可以用25磅（11公斤）的哑铃进行十五个后举，而如果你选择四十磅（18公斤）的哑铃，那么你只能进行八次重复动作。针对你不同的训练目标，这种相对关系变得非常重要。如果你尝试增加肌肉耐力，那么你就应该选择一个重量可以让你完成十五到二十组的重复，如果你的目标是增加力量，就应该选择重量使你只要完成五到八组重复。概括来说，当重复的次数较多时（15~20次），你应该进行两组练习，而当重复的次数较少时（5~8次），你就应该进行四到五组练习。针对特定的练习所进行练习的组数及每组的动作重复数，理想的结合程度应该是，所针对的目标肌肉在最后一组练习的最后两到三个重复时感到疲劳。循环练习计划中，动作重复的次数可以预先决定也可以由时间来决定。例如训练中，你可以进行三十个仰卧起坐（每组的重复动作数），也可以在一分钟内做尽量多个仰卧起坐（时间决定）。

你处在本赛季的不同时间阶段应该来决定训练计划中所针对的是肌肉耐力还是肌肉力量。这里使用的就是周期性的训练原则。训练周期将一个赛季分成许多不同的阶段，每一个阶段都有不同的训练目标。这么做的基本目的是防止训练过度并且使成绩最佳。

6.年轻游泳者的陆上训练

在训练中一个需要特别考虑的因素就是游泳者的年龄。在不久之前，力量和耐力训练被认为对于年轻运动员是不合适的或存在潜在危险的。对抗性训练被认为会增加生长板损伤的风险，这会对儿童的生长产生负面的影响。但是现在对于年轻运动员的对抗性训练，被证明是有效且安全的，下列组织都声明和支持这一观点，包括美国运动医学学会（ACSM）、美国骨科协会（AAP）、美国运动医学骨科协会（AOSSM）以及国家力量和健身联合会（NSCA）。

抗阻训练通过促进运动水平，降低发生损伤的风险来增加训练成功的机会，最终帮助年轻游泳者增加运动趣味以及积极的态度。耐力训练关注的是基础身体素质，同时帮助他们达到完成水中练习的要求。其他特别的好处包括：促进肌肉力量、肌肉耐力、整体身体力量、关节周围的稳定性、身体成分以及骨矿物质密度，所有的这些都可以促进运动的水平。

研究表明，在青春期前的少年通过训练来获得力量是可行的，只要训练计划有合适的持续时间、强度和总量。目前对于年轻运动员增强力量而推荐的训练量是每种练习进行两到三组，每组十三到十五次重复。训练课程需要在每周间断地进行2~3天。需要注意的是这些肌肉的增强主要是由于神经肌肉因素的适应，比如运动单位的激活、补充和协同等，而不是肌肉大小的增长（肥大）。更小的运动员没有肌肉肥大所需要的足够的、产生于肌肉的激素，但是在青春期后，训练引起的肌肉肥大在男运动员和女运动员中都伴随着肌肉体积的增大，因为这时加入了激素的影响。抗阻训练不会使身高增加，但是也没有数据显示这样的训练会影响骨骼的发育。

当一个年轻的游泳者开始进行抗阻训练之前，他或者她必须在情感上足够的成熟，能够接受并正确执行指令。他们必须足够了解抗阻训练计划和其中特定练习的利弊。在选择练习项目时必须要注意，游泳者在这个年龄范围会在力量和协调性方面有很显著的差异。训练的选择必须依据个体基础，并且根据需要进行调整。本书中所介绍的训练指南，可能并不适用于年轻的游泳者，但是会举例说明如何调整训练计划使其更适用于这个年龄。

在为年轻的运动员设计抗阻训练计划时，循序渐进并逐步进行的训练方案是值得推荐的。这种要求强调训练项目有适当的类型和技巧，在所有的训练项目中给予足够的指导，同时在训练过程中缓慢而逐步的进展。Kraemer和Fleck（2005）指出，正确地选择训练方式是至关重要的，并针对不同的年龄段运动员给出指导（表1.1）。

考虑到在四种游泳技术动作中每一个肌肉的重要地位，你会发现保持肌肉力量强壮、状态良好，对于保持恰当的游泳技术，促进游泳水平，并将损伤风险降低到最小都是非常重要的。本书的每一章会针对在游泳动作中直接发挥功能的不同的肌肉所需要的相应训练方法进行介绍。

表 1.1　年龄相关的阻力训练注意事项

年龄	注意事项
小于7岁	给孩子介绍基本训练，没有力量练习或很少；建立训练课程的概念；教给技术；从身体柔韧性训练、结对练习到轻度抗阻；保持低训练量。

8~10岁	逐步增加训练次数；在浮板上进行技术练习；逐步开始负重训练；保持训练简单；逐渐增加训练量；仔细观察对训练压力的耐受性。
11~13岁	教给所有基础练习技巧；逐渐增加每个训练的强度；强调技术；引入一些高级训练包含少量或不包含对抗；增加训练量。
14~15岁	进展到更高级的青年训练计划，包含一些抗阻练习；加入运动相关的组成成分；强调技术；增加训练量。
16岁以上	在掌握了所有背景知识，并达到基本的训练水平之后，将儿童训练计划，逐步过渡到成人入门级训练计划。

授权并修改，W.J.Kraemer, S.J.Fleck,2005，年轻运动员的力量训练，第二版，（Champaign,IL: Human Kinetics),13。

2

手臂

　　手臂在游泳运动中非常重要，因为它将来自于上肢产生力量的主要肌肉：背阔肌和胸大肌，以及手及前臂相连接起来，他们作为链条的锚定点在水中推动游泳者前进。CHAPTER1中将人体比作链条，从手出发沿着整条路径最终到脚。关键点是当游泳者在水中移动时，动作和力量传递于整个链条，而整条链的强度取决于最弱的环节。另外手臂的肌肉同样帮助产生力量，在水中推动游泳者。上述原因能够帮助你理解在陆上训练计划中，针对手臂练习的重要性。

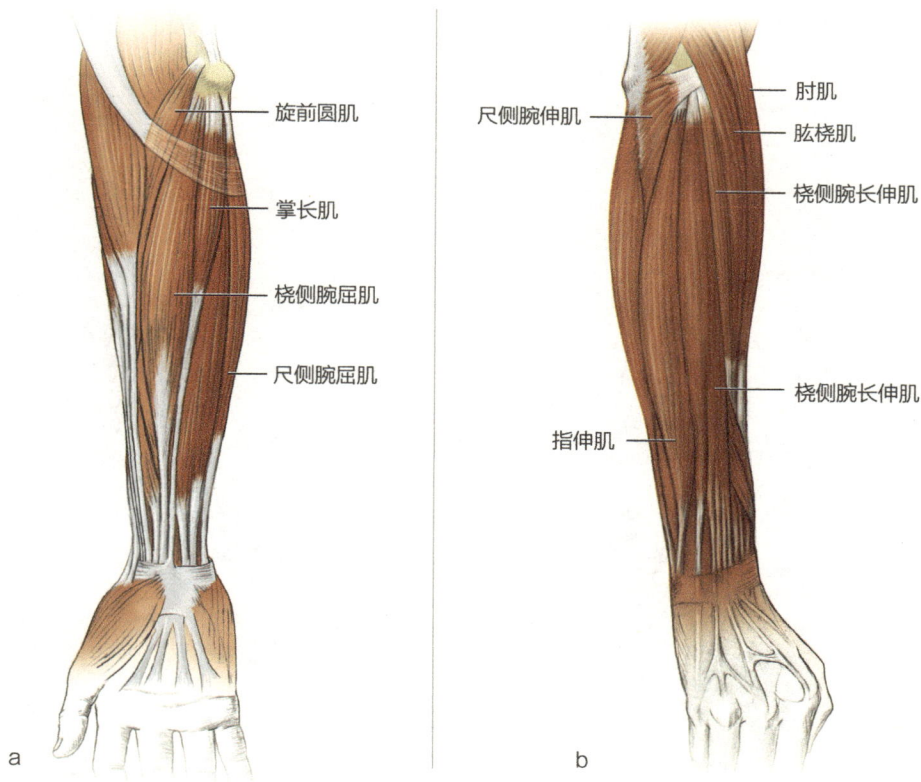

旋前圆肌

掌长肌

桡侧腕屈肌

尺侧腕屈肌

a

尺侧腕伸肌

肘肌

肱桡肌

桡侧腕长伸肌

桡侧腕长伸肌

指伸肌

b

图2.1 ▶ 前臂：（a）前面，（b）后面。

肘关节将手臂分为上下两部分。肘关节作为铰链关节有两种运动方式，屈和伸。肘关节的伸发生在你伸直手臂，将前臂移动远离上臂时。肘关节的屈曲正相反，它将你的前臂移动弯向上臂。上臂的结构框架是肱骨，而下臂，也称为前臂（图2.1 a~b），主要是由桡骨和尺骨支撑。这三个骨性结构是上臂和前臂肌肉的主要结合位点，以及杠杆作用产生的起始和作用位置。在本章中，力量训练所针对的手臂的两个主要肌肉群是肘屈肌群和肘伸肌群。他们在四种泳姿中的作用都是保持手臂适当的姿势，以及推进作用。

最主要的伸肘肌肉是肱三头肌（图2.2）。三头肌意味着它主要的结合位点有三个头，而肱代表它起始于手臂肱骨。内侧头和外侧头起始于肱骨，而长头绕过肩关节起始于肩胛骨。三个头结合成一条肌腱，绕过肘关节后方插入尺骨鹰嘴沟。尺骨鹰嘴在肘关节弯曲到90度时形成关节的顶端。另一个辅助三头肌伸直肘

肱三头肌
（长头）

肱三头肌
（外侧头）

肱三头肌
（中间头）

图2.2 ▶ 肱三头肌

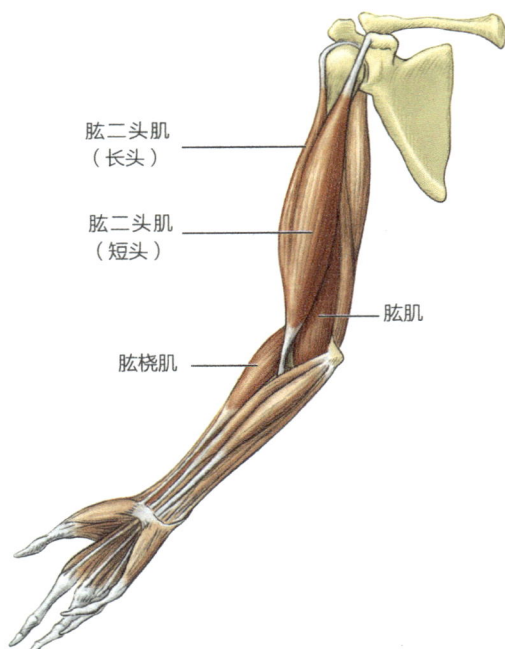

肱二头肌
（长头）

肱二头肌
（短头）

肱肌

肱桡肌

图2.3 ▶ 股二头肌，肱肌和肱桡肌

关节的小三角形肌肉叫作肘肌，它对于维持肘关节稳定非常重要，肘肌起自于三头肌的外侧头，有时这两个肌肉的纤维互相缠结到一起。

屈曲肘关节的主要肌肉为肱二头肌和肱肌，如它们名字所称，肱二头肌有两个头，长头和短头，他们绕过肩关节，连接在肩胛骨上。这两个头融合形成一个肌腱，绕过肘关节前方连接于距肘关节1.5英寸（约4cm）的桡骨上。除了作为屈曲肘关节的肌肉，肱二头肌还在前臂的外旋时，就是手掌向上的姿势中起作用。当你端起一碗汤的时候你的手就处于这样的位置。肱肌位于肱二头肌旁边，起自肱骨中点。它在行走于肘关节前方后立即连接与尺骨。对屈曲肘关节有一定贡献的另一个小肌肉是肱桡肌。这个肌肉起自于肘关节上的肱骨外侧部分，走行于前臂的外侧，连接腕关节上方的桡骨。

尽管四种泳姿有着不同的运动机理，但是自由泳、蝶泳和仰泳，在推进阶段中有着相似的肘关节屈伸活动方式。游泳者进行到抓水阶段时，肘关节从完全伸直过渡到30至90度的屈曲姿势，具体取决于泳姿及游泳者的技术动作。改变肘关节的位置，并在必要时维持肘关节屈曲的姿势发挥主要作用的肌肉是肱二头肌和肱肌。当推进中段达到最大的屈曲点后，肘关节在剩余的推进阶段中变为伸直位。这个动作主要由肱三头肌的活动来带动，帮助产生推进力。产生推进力的程度取决于游泳者在推进阶段何时将手移出水面，就是开始恢复阶段的时间点。在自由泳和蝶泳中，许多教练教导他们的队员在手臂没有完全伸直之前，手接触到臀部时开始恢复阶段。与此同时，仰泳的技术动作中包括了抓水阶段，是以肘关节的完全伸直为结束。

与其他几种泳姿不同，蝶泳的推进阶段的开始部分，肱三头肌是活动肘关节的主要肌肉，作用是将肘关节维持在几乎完全伸直的位置。当手开始转向内，这代表着从外划阶段过渡到内划阶段，这时肘关节处肌肉活动方式开始改变。屈肘肌肉（肱二头肌和肱肌）开始将肘关节带到屈曲的姿势，这个动作帮助产生推动力。当游泳者进入恢复阶段时，整个肌肉动员方式再次改变，肱三头肌变为伸直肘关节的动力，继而伸直手臂为游泳者进入下一个阶段做准备。

当你阅读本章剩余的内容时可以发现，许多练习都针对的是单一关节：肘关节的运动，特别是针对单一伸肘肌肉（肱三头肌）和屈肘肌肉（肱二头肌和肱肌）。这些独立的训练项目最好放在你整个陆上训练计划的最后，以避免单一肌肉群在训练计划早期就开始疲劳。最后要注意的一点是在两个肌肉群中，肘伸肌群在游泳运动中更活跃。因此，你在制定训练目标时，应该将伸肌和屈肌的训练比例制定为2:1。

当进行上肢训练之前，请确保肩胛骨的稳定性。同样的对于任何练习，都要先确定身体核心的稳定。下面的工具栏会介绍如何确保做到。

固定肩胛骨和身体核心

固定肩胛骨： 当进行上肢练习时，特别是那些针对肩关节的练习，你必须首先将肩胛骨放置于稳定的位置。固定的动作包括把肩胛骨向后下方夹紧，就像是你要把你的肩胛骨放到你裤子后面口袋一样。在固定肩胛骨的过程中避免向上耸肩，因为这个动作将锻炼的重点从斜方肌的上部肌肉纤维转移到了下部的肌肉纤维，而这些纤维在大部分游泳者中已经典型地过度发达了。

固定身体核心： 在进行任何练习之前，你必须特意地去固定身体核心。通过固定身体核心，你可以针对所练习肌肉，给它们建立一个发挥力量的支撑基础。同时你应该稳固定你的下背部，减少损伤的风险，固定核心就包括持续的收缩腹部、下背部以及臀部的肌肉，就像你穿了一件紧身衣包裹在你的腹部区域一样。为了获得更多的关于固定身体核心的信息请见CHAPTER5。

站立双臂肱三头肌下拉

肱三头肌

肘肌

执行要点 》

1 面对有高位固定绳索的下拉器站立。在胸前抓握把手，掌心向下抓握，使双手间距略窄于肩宽。

2 双肘夹紧体侧，伸展前臂直到肘部锁住。

3 缓慢放松，使配重片下降，直至高于固定的配重片1英尺（约2.5厘米），同时重新回到了起始姿势。

使用肌肉 》

主要： 肱三头肌

次要： 肘肌、腕屈肌和指屈肌

🏊 游泳聚焦 >>

这一锻炼针对肱三头肌起作用，对于全部四种的泳姿都是有好处的。这一动作对于蛙泳的训练作用更加显著，因为它模拟了出发和每次触墙转身时水下推进的最后阶段。

在进行这一锻炼时应该保持身体的直立，并且通过肱三头肌的独立收缩，聚集力量以移动阻力片。游泳运动员通常有圆肩的姿势，因为你很容易养成每次练习开始时就身体向训练器前倾，上身过多参与而影响肱三头肌的训练效果。

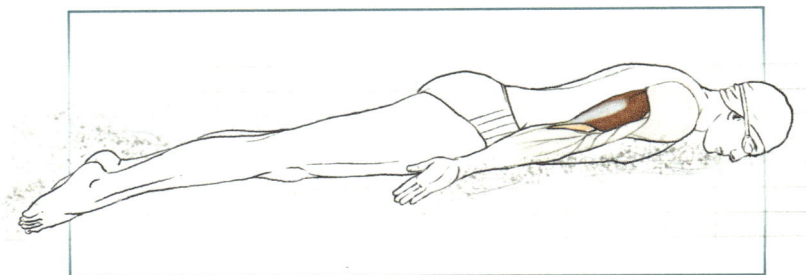

动作变化 >>

立双臂肱三头肌绳索下拉

这个动作的起始姿势手在身体的中线位置。随着肘部的伸展，双手把绳索向外侧拉动，当肘部将近锁定时，双手基本与肩同宽。这一额外的向外侧运动可以独立地训练肱三头肌的外侧头。

哑铃后举

三角肌后束

三头肌

肱肌

执行要点 »

1 单手举起哑铃，另一只手支撑上肢，单膝跪在练习椅上。

2 上臂平行于地板，而前臂垂直，后举起哑铃直到肘关节几乎完全锁住，放低哑铃至90度曲肘位。

使用肌肉 »

主要： 肱三头肌。

次要： 三角肌后束、背阔肌、肘肌、屈腕肌和屈指肌。

游泳聚焦 »

哑铃后举能够帮助锻炼肱三头肌的力量，因为他控制肘关节的动作在最后伸直的90度内。这个范围对于增强自由泳、蝶泳特别是仰泳拉动的最后部分中所产生的推进力量是非常重要的。

这个动作控制的非常慢是能够从这个练习中取得最大利益的关键点。增强这个动作的最好办法是在手完全伸直时停1~2秒，关注于肱三头肌收紧，然后手臂90度屈肘位时再停止1~2秒。这样的方法可以防止你产生像钟摆一样的哑铃摇摆的动作，那是作弊的一种形式。

安全提示 在游泳中你的头必须沿着脊柱的方向保持。抬起头会导致背部的弯曲，而看你的脚会将你的肩弯曲向前，这两个动作都会使脊柱超过他安全的范围，增加与训练相关损伤的风险。

动作变化 >>

绳索哑铃后举

这个变化动作，对于陆上训练在泳池边上进行，而没有训练椅可以帮助你支撑身体的时候非常有用。置于训练绳索上的紧张程度必须非常大，以至于在结束位置时可以达到完全的伸直。这个练习还可以被改进，使双臂都同时向后举，保证你缓慢地移动，以控制的方式进行，避免上肢的弯曲。

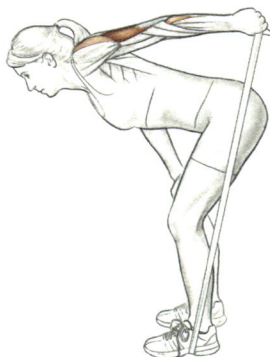

窄握俯卧撑

三角肌前束

胸大肌

三头肌

肱肌

执行要点 »

1 头向下，在你的胸前将两手滑动，使你的两个大拇指沿身体中线与乳头水平相互接触，用脚趾支撑你的下肢。

2 将身体保持直线状态，从你的踝关节到头顶，推动上肢向上直到肘关节完全锁住。

3 身体向下直到胸离地面一英寸左右高度。

使用肌肉 »

主要：肱三头肌和胸大肌。

次要：胸小肌、三角肌前束、肘肌、曲腕肌及屈指肌。

安全提示

如果你此时正有肩部疼痛，或者有肩部问题的历史，避免在结束位置时下降的太深。因为这样会对肩关节产生额外的压力。一个好的指导方案是在肩部到达中立时停止。因为可能增加肩部压力，仍然在锻炼他们整个肩部力量的年轻的游泳者应避免此练习。

🏊 **游泳聚焦**

俯卧撑是一个非常好的陆上练习，因为他对于所有游泳训练者而言，不需要任何器械。另外一个好处是它将肩关节置于一个叫作闭链的状态，这样的练习能够显著增加肩关节周围稳定性肌肉的使用。

当进行这种或其他方式种类的俯卧撑时，一个主要的关注点是将身体保持直立，从踝关节直到头顶，就像你在水中保持流线型姿势一样。一个常见的错误是将头离开脊柱直线，导致整个背部的弯曲，或者髋部下降向地面。保持恰当的姿态尤其是整个脊柱的伸直非常重要，因此，那些不能够保持这个姿势的人应该调整练习方法，从膝关节支撑开始，代替脚指支撑。

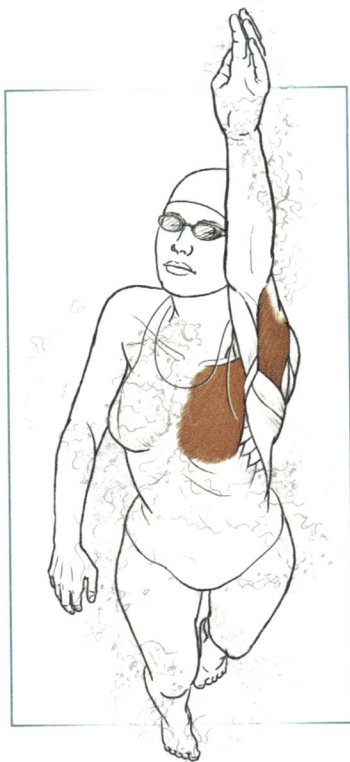

动作变化 »

为了增加这个练习的复杂性和难度，尝试使用一个实心健身球作为基本支撑，选择那些约是你身宽一半的实心健身球。将球放置好，使它的中心沿着你胸部的中点，与乳头水平相平。

窄握椅推

指浅屈肌

桡侧腕屈肌

掌长肌

尺侧腕屈肌

肱肌

三头肌

三角肌前束

胸大肌

执行要点 »

1 仰面向上躺在长凳上，抓住杠铃，从头顶上方抓住长杆，手间距离为 8 到 12 英寸（20~30 厘米）。

2 将杠铃向下，到达乳头水平线下的一点，使你的肘关节能够以一个 45 度的角度举起。

3 杠铃将要触及到胸部时，反转动作。

使用肌肉 »

主要： 肱三头肌和胸大肌。

次要： 胸小肌、三角肌前束、肘肌、腕屈肌和指屈肌。

🏊 游泳聚焦 »

这个练习比窄握俯卧撑更好的地方在于使用的力量是以阻力的形式呈现，也可以让肱三头肌上承受的压力大小产生变化。因此，它可以对那些由于缺乏力量而使用适当的技巧来进行窄握俯卧撑或者是肱三头肌不够发达还不足以承受窄握俯卧撑的游泳者使用。

当进行本练习时，肘关节可以允许向外摆动大约45度的距离，以帮助单独针对肱三头肌训练。

安全提示

从预防运动损伤的角度，进行本练习时腕关节必须保持在中立位置。如果发生腕部疼痛，请增加握距。这个练习当手的握距窄于肩宽时，针对的是肱三头肌。另外要注意的是，如果你现在正在经历肩部疼痛，或者有肩部损伤的历史，需要调整杠铃的距离，不要让肘关节超过板凳的水平以下。

在练习计划中加入此练习之前，你应该已经适应CHAPTER4中所描述的普通握推练习（第75页）。

实心健身球胸前传递

桡侧腕屈肌

掌长肌

尺侧腕屈肌

肱肌

胸大肌

三头肌

起始姿势

执行要点 »

1 与同伴站立 8~12 英尺远（2.4~3.6 米）。

2 使用实心健身球（5.5~11 磅，2.5~5 公斤）在胸前中线的位置，用力伸直肘关节，将球抛出向同伴的胸前。

3 同伴应该用手臂接住球，手臂从完全伸直到将球减速控制住。

使用肌肉 >>

主要： 肱三头肌和胸大肌。

次要： 胸小肌、三角肌前束、肱肌、腕屈肌和指屈肌。

游泳聚焦 >>

当进行实心健身球胸前传递时，一个要点是强调扔的动作应该是有控制性的、是爆发性的。这个技术特点将它同其他那些缓慢进行的、有控制的练习区分开来。爆发性地收缩能够帮助发展肱三头肌的力量。另外，这个练习中的动作与在蝶泳和仰泳中出发转身时使用的动作很相似。这个练习能够很好地帮助学习在出发转身时如何吸收和重新分布动量。

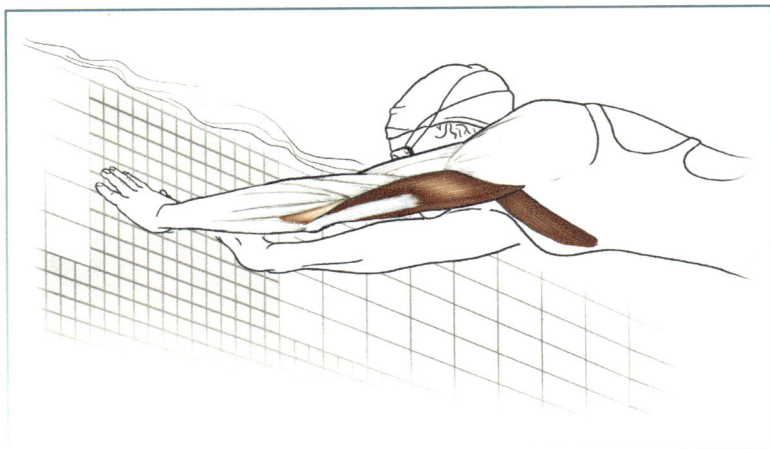

塔特推举

三头肌

桡侧腕屈肌
掌长肌
尺侧腕屈肌
肱肌

起始姿势

执行要点 》

1 平躺于长凳上，轻柔地将两个哑铃放置于胸前，使你的手掌面向足的方向，而肘关节垂直朝向胸部。

2 保持手臂向上和肘关节的位置，开始伸直你的手臂，保持两个哑铃之间相互接触。

3 在中间点时，开始旋转哑铃，从垂直方向到水平方向，在整个过程保持哑铃的相互接触。

4 继续推动哑铃向上，直到肘关节完全伸直。

使用肌肉 »

主要： 肱三头肌。

次要： 肱肌、屈指肌和屈腕肌。

游泳聚焦 »

塔特推举重点在于肱三头肌的外侧头，使它能够作为游泳陆上训练计划中一个有用的部分。

这个练习中一个主要的部分是始终保持哑铃相互接触。为了避免潜在的损伤，你必须使用适当的重量，当他们回到开始的位置时，避免将哑铃回弹向你的胸部。

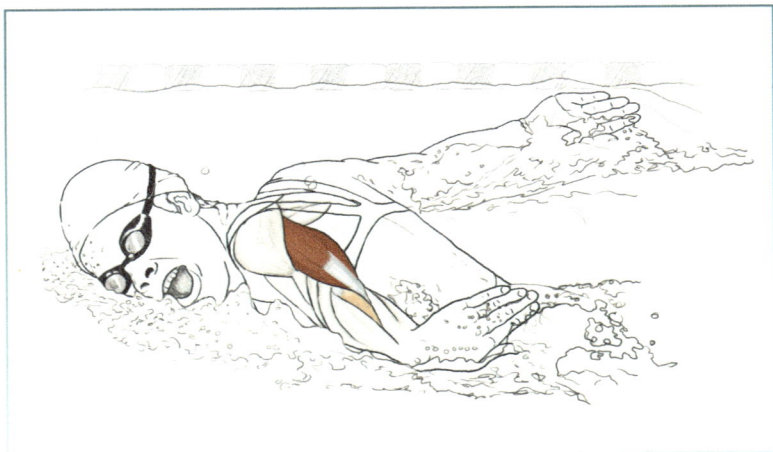

杠铃肱二头肌卷曲

肱二头肌
肱肌

执行要点 »

1 以反握法抓住杠铃，手应该与肩同宽。

2 在身体不朝后靠的情况下，将杠铃呈弧线形朝向你的胸部卷曲，直到高度与你的肩部水平相同。

3 使用手臂的力量将杠铃回到起始位置。

使用肌肉 »

主要： 肱二头肌。

次要： 肱肌、前臂屈肌和指屈肌。

🏊 **游泳聚焦** >>

本练习增强肱二头肌和肱肌的力量，对于在蛙泳的拉动阶段中抓水部分的开始部分有帮助。这个练习也能够增强蛙泳拉动阶段的后半程。在不同的泳姿的这个阶段中，保持肘关节的屈曲位是非常重要的。例如，如果在自游泳的抓水中屈曲位不能保持，肘关节向下掉落，就会导致很明显的力量丢失。这个练习动作对肱二头肌和肱肌有同样的作用，就如它们二者在翻转中所使用的一样。

在进行这个练习时有一个简单的方法作弊，就是上身产生额外的动力。你可以将身体背部平靠向墙或者让一个同伴模仿你的姿势来将这个这种可能性避免到最小。

哑铃肱二头肌卷曲

三角肌前束
肱二头肌
肱肌
肱桡肌

执行要点 »

1 坐于长凳的一端，双臂完全伸直时两手各抓住一个哑铃，手掌朝向上。

2 一次一只手臂，将哑铃弧线形举向你的胸部，同时，缓慢地旋转你的手掌，使它朝向胸部。

3 每次交替手臂作为一个重复动作。

使用肌肉 »

主要：肱二头肌。

次要：三角肌前束、肱肌、肱桡肌、旋后肌、前臂屈肌及指屈肌。

🏊 游泳聚焦 »

　　在本动作结束姿势时，手掌向内旋转（前臂旋后），这一动作额外地练习肱二头肌，模拟了在蛙泳中拉动阶段的最后部分中将你手臂移向身体中线的过程。

　　由于这个练习将两臂分开进行，这是哑铃肱二头肌卷曲跟杠铃肱二头肌相比的一个缺点。这个练习可以站着或坐着进行，但是由于双臂的交替动作，你需要坐着进行来保证上肢固定的位置。

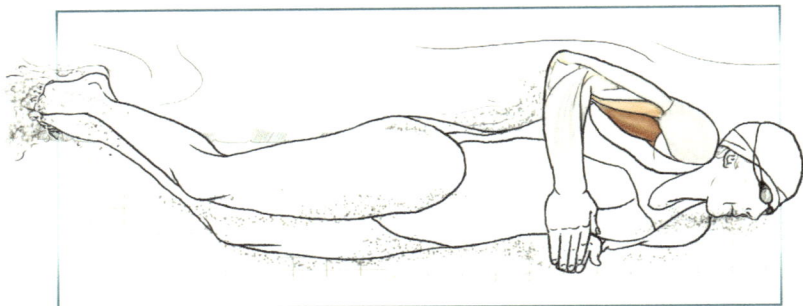

动作变化 »

肱二头肌绳索卷曲

使用练习用绳索可以将这个练习项目加入到泳池旁的陆上训练计划中。置于绳索上的起始张力需要足够大，以完成整个动作。

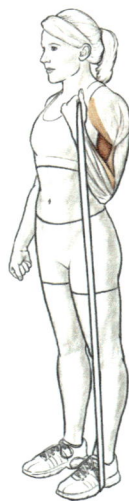

向心卷曲

肱二头肌

肱肌

执行要点 »

1 坐于长凳的一端，分开两腿，使你的躯干轻度向前形成 V 字形。

2 握住哑铃的手弯曲肘关节，抵在大腿中部上，呈弧线形弯曲哑铃朝向肩关节。

3 缓慢地降低哑铃回到起始位置。

使用肌肉 »

主要： 肱二头肌。
次要： 肱肌、前臂屈肌及指屈肌。

🏊 游泳聚焦 »

　　这个练习在你无法完成杠铃或者哑铃肱二头肌卷曲时，或者是你想要将肱二头肌和肱肌分开练习时非常有用。就像它的名字所描述的那样，这个练习的主要目的是注重卷曲的动作，以此来增强屈肘肌肉的力量。动作的关键是将肘关节维持在大腿内侧的一个稳定的位置上，同时缓慢、有控制性地进行该练习。

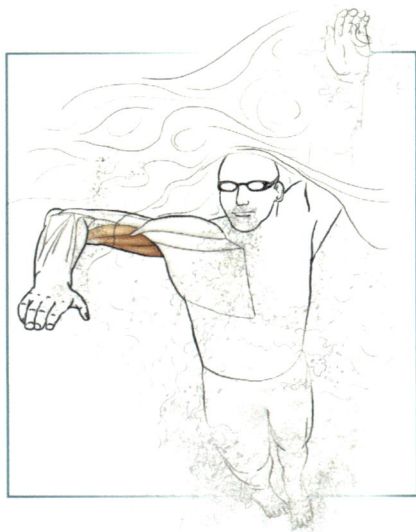

肩

肩带因其作为上肢与躯干的连接，所以非常重要。它是四种泳姿中发生上肢运动的主要旋转支点。肩带有三个骨头组成：锁骨、肩胛骨和肱骨。肩带由三个关节组合而成，胸锁关节（连接胸骨和锁骨）；肩锁关节，由肩胛骨和锁骨组成；喙肱关节，由肩胛骨和肱骨组成。本章重点关注发生在喙肱关节的动作，也就是Layman定义中的肩关节，以及肩胛骨的运动。肩关节是人体中最灵活的关节之一，因为我们可以将手移动到任意可以看到的区域。如此大范围的活动之所以可以发生，是由于肩带可以朝六个方向进行混合运动。屈曲运动，发生在手上抬远离你的身体，就像你在举起你的手回答问题时一样。伸直是相反的动作，将手从屈曲的位置向下放。将手举起抬至身体侧方称作外展，而将手收回至身体中线处称作内收。最后两个动作是旋转，外旋包括将手从身体中线的部位向外旋出的动作。内旋是将手向内旋转，就像你用手按摩肚子时的动作。

肩带的肌肉可以被分为四组：移动肩胛骨、保护肩关节、定位肱骨以及肱骨旋转。为了便于记忆四组肌肉的名称可以将他们记为四个P。轴移肩胛骨的肌肉包括斜方肌、大菱形肌、小菱形肌、前锯肌和胸小肌。同它们的名字一样，这些肌肉的主要作用是将肩胛骨向上或向下轴移。它们同样负责肩胛骨的上抬和下压动作及外展和内收动作。当你站在一个游泳者身后，他或她抬起手臂从体侧越过头顶时，就很容易观察到肩胛骨向上旋转的动作。上抬动作就是你耸肩时的动作。内收动作发生于你将肩胛骨夹紧时。这些动作组合起来与肩关节一起使我们能够实现头顶上的复杂多变的运动。为了观察这些联合动作的重要性，将你的手放于另外一个人的肩胛骨上。当你握紧后，让他举起手超过头顶，注意这时在他的手移动到不同的位置时肩胛骨发生的动作。

斜方肌是一块大的三角形肌肉，沿着身体中线连接于脊柱旁的多个位置，起自颅骨底端，结束于胸腔底部。从它的连接处，斜方肌向外插入锁骨和肩胛骨的多个点。斜方肌可以被分为上中下三部分，上部分负责抬起和向上移动肩胛骨，中间部分辅助内收，而下部则负责肩胛骨的下压和向下移动。大小菱形肌起自于肩胛骨内侧缘，连接在脊柱上。它们与斜方肌的中部一起负责将肩胛骨夹紧收回。前锯肌也是连接于肩胛骨内侧缘，但是它并没有走向身体的中线，而是在两个肩胛骨与胸腔之间，连接前九个肋骨的外表面处（图3.1）。它的两个主要功能是辅助肩胛骨向上旋转以及维持肩胛骨相对于胸腔的水平状态。最后，胸小肌是胸腔前部的一块小肌肉，它从肋2、3之间的连接点走向肩胛骨上部的一个标志物叫作喙突的地方。胸小肌帮助斜方肌的下部纤维一起下压肩胛骨。

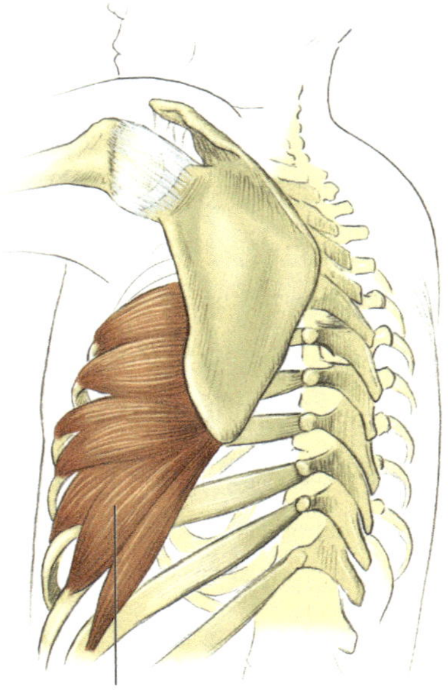

图3.1 ▶ 前锯肌

　　负责肩胛骨移动的肌肉对于游泳运动员有三方面的主要影响，第一方面，肩胛骨的适度向上旋转，对于游泳者将手进入水中时能达到离身体足够远的地方是非常重要的。游泳者能够伸展的越多，则这个动作姿势就越高效。对第二方面的作用最恰当的描述是将肩胛骨和移动肩胛骨的肌肉比喻成房子和地基。要建立一个宏伟的房子，如果地基将要崩溃或者分离了，那么就是非常愚蠢的。同样的道理适用于肩带和肩胛骨。如果肩胛移动肌肉很薄弱，构成上肢系统动力链的其余部分就会崩溃，然后损伤发生的可能性就会增加。就像CHAPTER2中讨论的那样，当进行上肢练习时，特别是针对那些肩关节的肌肉，你必须将你的肩胛骨固定在一个稳定的姿势。详见CHAPTER1中如何固定肩胛骨的解释。最后，增强肩胛移动肌群后群的力量（斜方肌、菱形肌和前锯肌）能够帮助解决在游泳者中常见的、由于背阔肌的过度发达而造成的圆肩姿态。

　　肩胛保护肌群，同样也被称作肩袖，是由冈上肌、冈下肌、小圆肌和肩胛下肌组成（图3.2）。肩胛下肌，沿着肩胛骨顶部走行，与肱骨头相连接。肩胛下肌最主要的作用是帮助启动上臂举过头顶的动作。冈上肌和小圆肌的作用是向外旋转肩胛骨。冈下肌沿着肩关节的前部走行，同其他肩袖肌肉一样，它起始于肩胛骨，最后插入肱骨头。像它的名字所描述的，肩袖肌肉的主要功能是肩胛间关节的旋转动作。由于这些肌肉的体积小，它们对于游泳时产生推动力量的作用非常

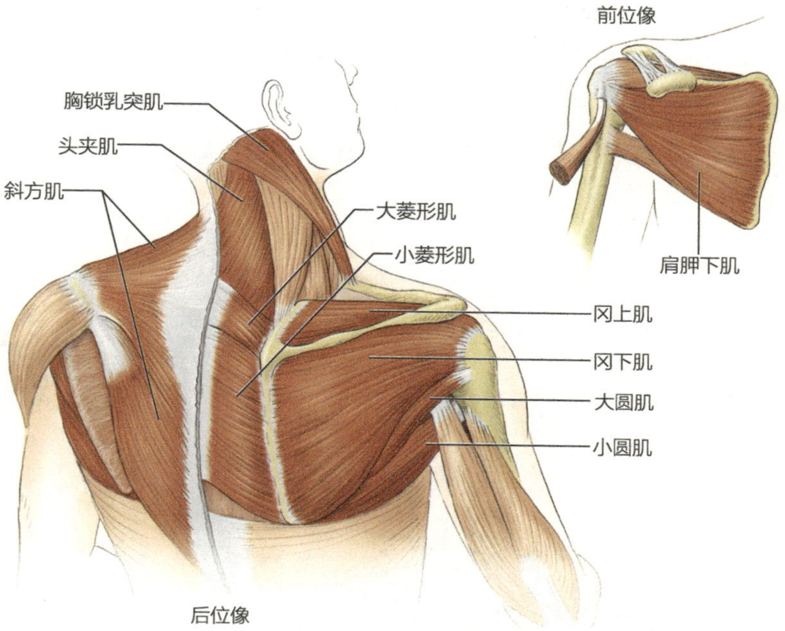

前位像

胸锁乳突肌

头夹肌

斜方肌

大菱形肌

小菱形肌

肩胛下肌

冈上肌

冈下肌

大圆肌

小圆肌

后位像

图3.2 ▶ 肩胛骨和颈部

小，但是它们却在所有泳姿中的恢复阶段发挥很重要的辅助作用。另一个非常重要的作用是它们作为"袖"的功能，也就是对肩关节的稳定作用。当考虑到肩袖对肩关节的稳定作用时，记得肩关节是一个球窝关节，就像一个高尔夫球放在球座上。肩袖肌肉能够通过产生相反的作用力非常好地维持肩关节的稳定性，就如能够把球保持在球座中间的位置。在某些情况下，肩袖肌肉群中可能会发生不平衡，就会影响稳定机制，增加损伤的风险。肩关节为了灵活性而牺牲了稳定性，因此必须依靠肩袖肌肉群来起到稳定和保护的作用。

另一个大肌肉群是姿势肌肉，其实它只有一个肌肉，包含三个不同的部分——前、中、后。三角肌是肩关节的肌肉帽，褶皱地覆盖于肩关节的上部（图3.3）。三角肌被称作位置肌肉是因为它主要是改变肱骨的位置，继而影响整条上臂的位置。三角肌前束的功能是屈曲及内旋肩关节；后束是负责相反的动作，即伸直外旋；而中束负责举起上臂至体侧，也就是外展的动作。三角肌主要是在恢复阶段中激活。每一个部分都在恢复阶段的不同阶段中对移动手臂起到非常重要的作用。

最后一个肌肉群是推动肌，包括背阔肌和胸大肌。这个名字源于这样一个事实，这些肌肉是在肩关节产生力量的主要肌肉。由于针对这些肌肉的训练方法非常多，它们对于游泳者动作的贡献以及相关的练习会在后面胸部和背部的章节中详细介绍。

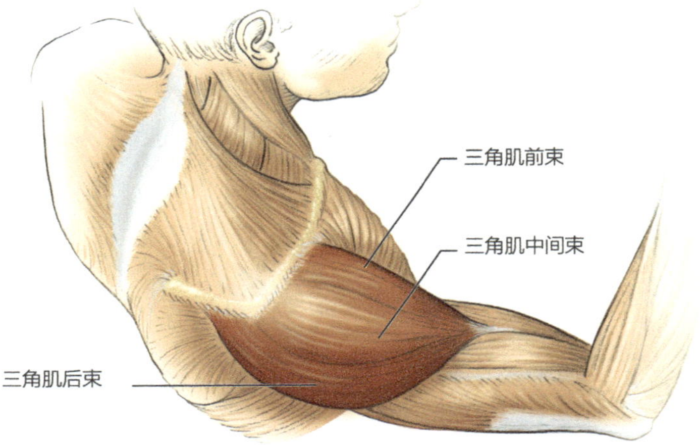

三角肌前束

三角肌中间束

三角肌后束

图3.3 ▶ 三角肌

哑铃三角肌前举

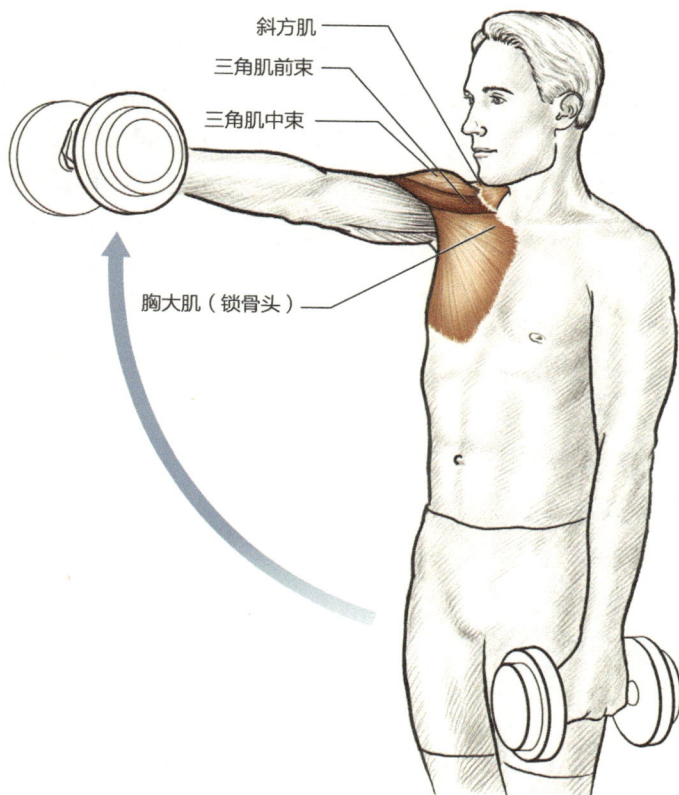

斜方肌
三角肌前束
三角肌中束

胸大肌（锁骨头）

执行要点 »

1 站立位，两手各持一哑铃，手臂垂直于体侧，手掌朝向大腿。

2 轻轻地弯曲肘部，举起右侧哑铃朝前，直到与肩关节水平相平。

3 在练习的结束部分，当你举起哑铃时，缓慢地旋转你的手，直到手掌面向地板。

4 当你开始缓慢下降右侧哑铃时，左侧哑铃的动作同时开始进行。

使用肌肉 »

主要：三角肌前束。

次要：三角肌中束、斜方肌和胸大肌（锁骨头）。

游泳聚焦 》

三角肌前束是这个练习中所关注的主要肌肉，它在蝶泳、蛙泳和特别是仰泳的恢复阶段起着重要作用。在蝶泳中，它在恢复阶段的后半程激活。而在蛙泳中它负责引导游泳者的手和手臂从胸部下方直到完全伸直、延长的姿势，保证最大地、有效地完成游泳动作。而仰泳的整个恢复阶段，从出水到再进入水中，都依赖于三角肌前束的激活。随着游泳速度的增快，对于快速恢复的需求增加，因此对于这个肌肉的要求就更高。

你可以将这个动作使用在如前面所述的肩关节固定的动作基础上。做这个练习时，身体呈垂直站立的姿势，专注于将肩带向后向下夹紧。当你保持这个固定位置后再进行本练习，或者是让你的同伴从后方模仿你的动作，以保证你没有开始耸肩。

动作变化 》

绳索三角肌前举

绳索练习针对的是同一个肌肉，但是由于通过简单的拉伸和放松训练绳索，可以轻松地变换阻力的大小，这个动作变化在泳池的陆上训练计划中，比使用哑铃的动作更好。

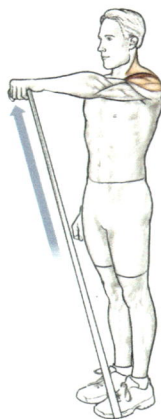

哑铃三角肌侧举

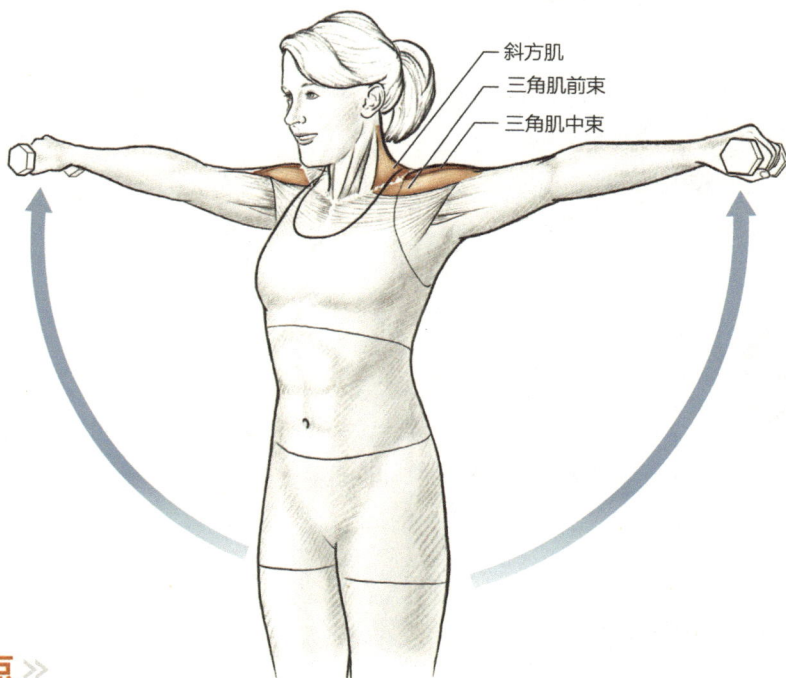

斜方肌
三角肌前束
三角肌中束

执行要点 》

1 站立位，双手各持一个哑铃，手臂悬在体侧，手掌面向大腿。

2 轻轻地弯曲肘关节，将哑铃上举到体侧，直到与肩关节水平相平。

3 缓慢地放低哑铃。

使用肌肉 》

主要： 三角肌中束。

次要： 三角肌前束及后束、冈上肌和斜方肌。

游泳聚焦 》

这个练习所针对的肌肉主要是三角肌中束，它在自由泳和蝶泳的恢复阶段中是非常重要的肌肉。与自由泳不同，蝶泳缺乏身体的翻转以及手臂的辅助来恢复，因此完全依靠三角肌群，特别是依靠中束来将手臂回位。同哑铃前举的动作一样，你在进行本练习时必须要保持向上、直立的姿势。本练习同哑铃三角肌前举一样，可以作为你在开始上肢练习时，固定肩胛骨的一个很好的基础训练。

安全提示

　　为了避免在练习中对作为肩关节稳定性结构的肩袖肌肉产生过大的压力，不要将哑铃举到超过肩关节的高度。

动作变化 》

三角肌绳索侧举

使用绳索进行练习所针对的是同一块肌肉，但是由于通过拉伸和放松练习绳索可以简单地控制阻力的大小，这个动作变化比哑铃的动作对于泳池边的陆上训练计划更好。

过头顶C

如前所述将手臂举到肩关节以上而手掌向下的动作是非常危险的。但是在动作结束阶段，将肩关节的位置改变，形成一个额外的C，就能够在减轻动作对于肩袖的压力的同时使手臂能够超过肩关节的高度。完成一个C的动作，需要像钟表一样外翻两个手。开始于手掌朝向下的六点钟位置，顺时针旋转两只手向上，直到十二点钟的位置。

T练习

斜方肌
三角肌中间束
三角肌后束
三角肌前束

前举　　　　　　　側举　　　　　　后举

执行要点 »

1 两手各握一哑铃，向上向前举起手直到哑铃与肩关节水平相平。

2 手回到起始位置，然后举起哑铃向体侧，再一次举到与肩关节水平的位置。

3 回到起始位置，然后举起哑铃向躯干后约 45 度。

4 再次向前举。

使用肌肉 »

主要： 三角肌前、中、后束。

次要： 冈上肌和斜方肌。

🏊 游泳聚焦 »

本练习针对三角肌所有的三束（前、中、后），使它可以作为一个非常好的全方位练习来增强肩部力量。因此它可以加强所有四种泳姿的恢复阶段。对于初次进入该项目的年轻游泳者来说，这是一个非常好的发展肩部力量的基础练习。并且对于游泳的进步以及逐渐增加游泳距离非常重要。对于成年游泳者，由于包含有多个动作，因此本练习非常适合使用在赛季的开始阶段，或者从损伤中恢复的阶段时，用于加强耐力。

哑铃肩上举

斜方肌

三角肌中束

三角肌前束

胸大肌

肱三头肌

执行要点 »

1 坐直身体，将哑铃维持在肩关节的水平，肘关节向内，手掌朝向身体。

2 向上举起哑铃直到肘关节几乎锁住。

3 缓慢地向下回到起始位置。

使用肌肉 »

主要:三角肌前束、中束。
次要:胸大肌、三角肌后束、斜方肌、冈上肌和肱三头肌。

🏊 游泳聚焦 »

　　为了在各种泳姿中达到最远的距离,你必须能够在进入水中的时候将手臂伸直,将身体拉长。本练习能够帮助你增强手超过头顶的力量,以及你进入水中时拉长入水距离的自信。

　　这里描述的练习是一个经过改良的传统力量上举动作。传统的版本,一般开始于将哑铃举在一个"举起手来"的位置上,手掌朝向外,而游泳者需要避免这个姿势。因为它会对肩关节产生过度的压力,而水中由距离产生的负荷已经存在一定的压力,当与这一动作结合时会是有害的。

安全提示 由于本练习是在头顶上方进行,年轻的游泳者还没有足够的力量来协调控制此动作时,应该避免进行,如果你正有肩部疼痛或者有损伤史,你在进行本练习或其他上肢练习时,应该遵循90/90原则。90/90原则就是说你应该避免将你的肩下降到外展或屈曲90度,以及肘关节屈曲超过90度。

弯腰哑铃飞鸟

三角肌后束

小圆肌

冈下肌

斜方肌

大菱形肌

大圆肌

执行要点 »

1 站立位，背部水平，向前弯腰直到背部接近与地面平行。

2 手臂下垂，抓住哑铃使手掌朝向内。

3 保持手臂垂直，弧线形举起哑铃，直到肘关节与肩关节持平，对抗阻力缓慢地回到起始位置。

使用肌肉 》

主要：胸大肌、胸小肌和三角肌后束。
次要：斜方肌、冈下肌、大菱形肌和小菱形肌。

🏊 游泳聚焦 》

　　本练习有两个针对目标，分别取决于使用哑铃的重量。如果使用较轻的哑铃，可以使你在训练的最后能够更多地关注于加紧肩带肌肉，则更多地有针对性地使用大菱形肌和小菱形肌。这是将菱形肌作为训练目标的有效的方法，可以增强它们在肩带肌肉中作为稳定肌肉的地位，因此能够增加整个肩带肌肉的稳定性基础力量，减少损伤的风险。当哑铃的力量增加时，强调的重点从菱形肌沿着肩关节后方转移到三角肌后束。针对这些肌肉群的练习，可以增强蛙泳以及蝶泳中的恢复阶段的力量，同时对于自由泳恢复阶段开始部分同样有效果。

安全提示　　在进行本练习时确保你的头与背部呈一条直线。抬起头会使下背部弯曲，而低头会造成上背部呈圆形。这两个动作都会对下背部、中背部造成不必要的压力。

俯卧T，Y，A（Blackburn）

T姿势

斜方肌

三角肌中束

小圆肌

三角肌后束

大圆肌

冈下肌

大菱形肌

Y姿势

A姿势

执行要点 》

1 面朝下俯卧，轻轻地弯曲上背部。将肩膀举起，离开地面。

2 在 T 姿势时，你的大拇指举向天花板，摆动双手向上向下各30秒。

3 手掌向下转到 Y 姿势，摆动双手向上向下各30秒。

4 结束动作将手向在体侧向下形成A。手掌向上，摆动双手向上向下各30秒。

使用肌肉 》

主要： 大菱形肌、小菱形肌、冈上肌、大圆肌、小圆肌、冈下肌和斜方肌。

次要： 三角肌前、中、后束。

游泳聚焦 »

由于本练习中肩关节位置的变化，它所针对的是能够支持肩带（肩关节稳定装置）的大部分肌肉。进行本项练习可以增强肩带的稳定性，能够在游泳时将力从上肢传到身体的其他部位，帮助预防肩关节损伤。

在进行这项练习时应该注意夹紧肩带，同时用手臂做小幅度快速的摆动动作。随着耐力的增加你可以将三个姿势保持到60秒，同样你可以像图片所示的那样练习时增加一定的配重片来提高挑战性。这些目标肌肉都很小，所以使用的力量也应该非常轻，（开始于1.25~2.5磅或0.5~1.1公斤）每次增加很小的重量。

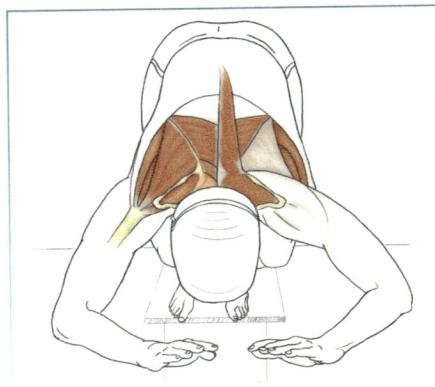

动作变化 »

理疗球T, Y, A

尽管加入了理疗球使得这个动作更具有挑战性，但是它更多地模拟了游泳中所面临的动作要求。在水中时，从足部一直到头顶保持身体流线型姿势是非常重要的。

肩卧撑

前锯肌

胸小肌

执行要点 »

1 脸朝下，用脚趾和前臂支撑你的身体重量。

2 保持身体在一条直线上，保持肩关节的位置，降低胸部，同时夹紧肩带。

3 通过滚动你的肩部（伸展），将你的上半身向上推。

使用肌肉 »

主要：前锯肌。

次要：胸小肌。

🏊 游泳聚集 »

这个练习的唯一目标肌肉叫作前锯肌。它对于保持你的肩带夹紧，抵住背部非常重要。前锯肌的薄弱会导致肩带的摇摆，是肩带没有进行恰当的控制的表现，结果会增加肩关节损伤的风险。前锯肌对于越过头顶的移动中向上旋转肩带以帮助身体在泳姿中伸展非常重要。

将这个练习的手支撑换为前臂支撑，是为了将肩部区域的动作分离出来。

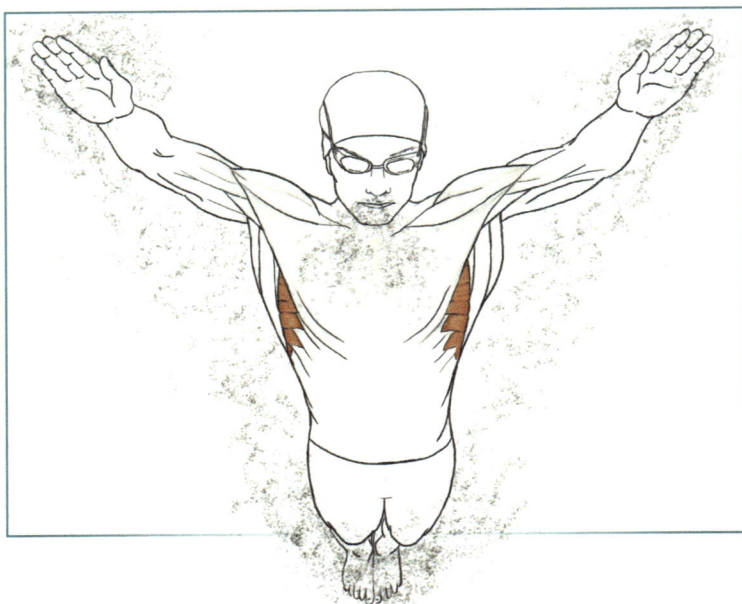

肩胛骨下沉

斜方肌下部

背阔肌

执行要点 》

1 直立坐于两个六英寸（约15厘米）的箱子之间，摆好手的位置，以使上臂
  与躯干平行，肘关节弯曲90度，以便前臂放于箱子上。

2 手臂向下压将臀部举起离开地面，强调要反方向的耸肩。

3 向下降低直到你完全再次接触地面。

使用肌肉 》

主要：斜方肌下部。

次要：胸大肌、胸小肌和背阔肌。

🏊 游泳聚焦 »

本练习帮助增强肩关节的稳定性，纠正游泳者中经常出现的姿势改变问题。它针对的是斜方肌的下部纤维，如果它们薄弱则会导致肩关节损伤。斜方肌下部纤维的力量同样能够纠正游泳者经常出现的圆肩姿势。

绳索内旋

三角肌前束

胸大肌

前位象

肩胛下肌

执行要点 »

1 站立于一条连接在肘关节高度的练习用绳索杆旁四英尺处（约120厘米）。手臂靠近绳索抓住它的尾端，弯曲肘关节至90度。

2 旋转手臂越过身体前方，直到碰到你的躯干，在整个动作中保持前臂与地面的平行。

3 缓慢地回到起始位置。

使用肌肉 »

主要： 肩胛下肌。

次要： 胸大肌、背阔肌和三角肌前束。

游泳聚焦 »

　　肩胛下肌是组成肩袖的四块肌肉之一。肩袖是负责在不断重复的上肢训练中保证肩关节稳定的重要肌肉群，因此针对肩胛下肌的训练就对预防损伤非常重要。要记住肩袖肌肉都起自肩带，所以你应该在整个练习中保持夹紧肩带向下向后的姿势。在体侧和你的肘关节之间放置一条毛巾，能够帮助你降低某些关键肌肉的张力，同时也提醒你在旋转手臂时，向体侧夹紧肘关节。

绳索外旋

三角肌后束

冈下肌

小圆肌

执行要点 »

1 站立于一条连接在肘关节高度的练习用绳索杆旁四英尺处（约 120 厘米）。手臂靠近绳索抓住它的尾端，弯曲肘关节至 90 度。

2 旋转手臂离开你的躯干，直到你跨越了一个 90 度的弧。在整个动作中保持前臂与地面的平行。

3 缓慢地回到起始位置。

使用肌肉 »

主要： 冈下肌、小圆肌。

次要： 三角肌后束。

🏊 游泳聚焦 >>

外旋动作将肩胛下肌和小圆肌分开，它们两个都是肩袖肌肉群的组成部分，这些肌肉对于在重复的上肢训练中稳定肩关节非常重要。由于所有的泳姿除了仰泳之外，都强调肩关节内旋动作，加入本项练习对增强力量的平衡非常重要。

记住所有的肩袖肌肉起至自肩带，所以你进行本练习时必须固定肩带。在整个练习过程中夹紧肩带向下向后。在体侧和你的肘关节之间放置一条毛巾，能够帮助你降低某些关键肌肉的张力，同时也提醒你在你旋转手臂时，向体侧夹紧肘关节。

动作变化 >>

侧卧哑铃外旋

身体处于侧卧的姿势，肘关节弯曲到90度，旋转你的手臂使哑铃从腹部呈弧线移动到朝向天花板。避免翻转你的上身，因为这样才会将肩关节独立出来。同练习绳索相比，哑铃能够提供一个更持续的阻力。

双臂外旋

进行此动作变化时，两臂同时使用练习绳索位于外旋动作的起始位。每只手抓住练习绳索的一个尾端，在这个起始位时绳索上应该有很小量的张力。然后旋转双臂向外45度，同时持续地夹紧你的肩带。保持这个姿势3到4秒，然后回到起始位置。

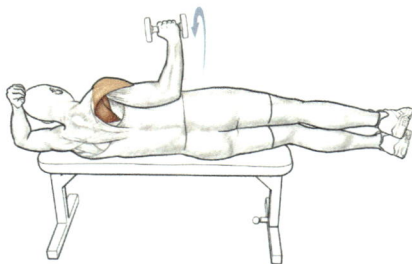

螃蟹走

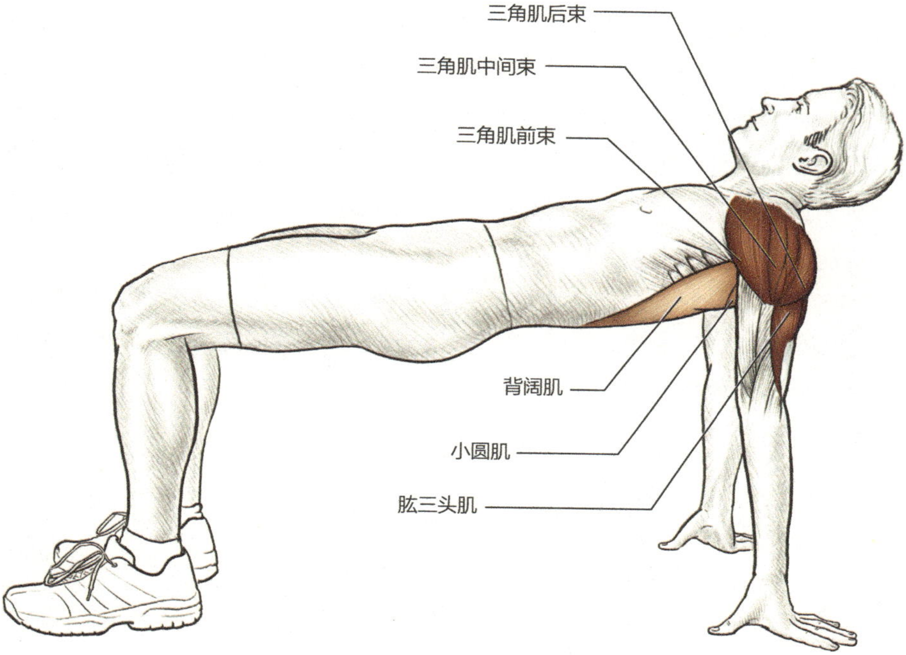

三角肌后束

三角肌中间束

三角肌前束

背阔肌

小圆肌

肱三头肌

执行要点 »

1 将你的手和脚放置在水平地面上，脸朝上。

2 通过夹紧臀部肌肉，抬起臀部离开地面。

3 先移动你的手，然后是脚，开始"行走"。

4 每一次移动手不超过 6~8 英寸（15~20 厘米）以避免给肩部带来过大的压力。

使用肌肉 »

主要：三角肌前中、后、束；肩袖（冈上肌、冈下肌、小圆肌、肩胛下肌）；肱三头肌。

次要：背阔肌和大圆肌。

游泳聚焦 >>

　　这个非常全面的练习针对的是三角肌、肩袖和肱三头肌，这些肌肉在四个复杂的泳姿中都有重要的作用。

　　三角肌的募集可以在所有泳姿的恢复阶段中使用到，增强肩袖的力量能够帮助维持肩关节稳定性，肱三头肌是对于所有泳姿的推动阶段都起到一定贡献的肌肉。另外本练习中背部向下进行行走的动作能够帮助你更清楚地了解手与身体的关系，这能够促进你的游泳技术的提高。

　　本练习的另一个好处是它将肩关节至于一个闭链的位置。这种练习能够增强肩关节周围稳定肌肉的募集。名词闭链意味着整个练习的锚定点，在本练习中是手，是与地面相接触的。

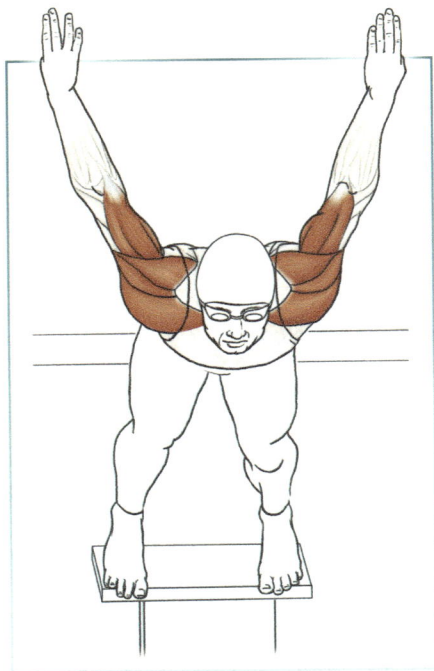

头上单臂反弹球

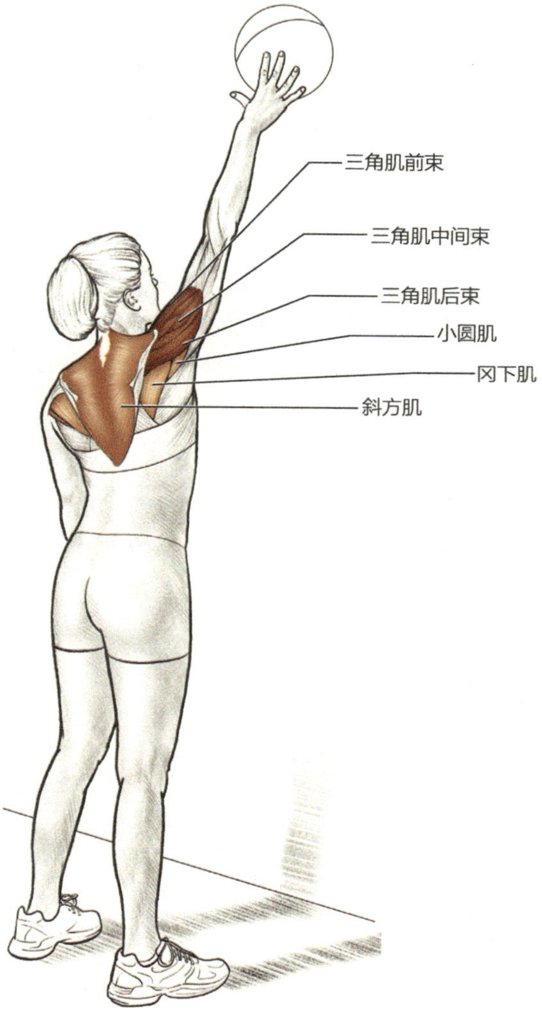

三角肌前束

三角肌中间束

三角肌后束

小圆肌

冈下肌

斜方肌

执行要点 »

1 站立于离墙约 12 英寸（约 30 厘米）处。使用一个充气的球（例如足球），抓在你的手掌中，就像服务生将头托盘举过头顶的样子。

2 通过移动你的整个手臂开始反弹球的动作。墙上的目标点位于十一点（左臂）或一点（右臂）处。

3 注意小幅度快速地反弹。

使用肌肉 》

主要： 三角肌前、中、后束。

次要： 斜方肌和肩袖（冈上肌、冈下肌、小圆肌、肩胛下肌）。

游泳聚焦 》

由于本练习中手是在头顶的位置，它对于增强力量非常有帮助，这能够增强你在伸长游泳姿态时的自信。本练习中手部的姿势，非常逼真地模拟了自由泳和蝶泳中的手臂动作。因此本练习对于帮助所有泳姿中从抓水部分转移到拉动部分的快速转变是有好处的。

当进行反弹的动作时，注意三角肌及肩袖小幅度快速的移动，这个练习能够增强肩胛骨稳定肌肉及肩袖肌肉的耐力，以辅助防止运动损伤。如果你的动作幅度过大，就会使用胸大肌和背阔肌的力量，这不是本练习的目标。

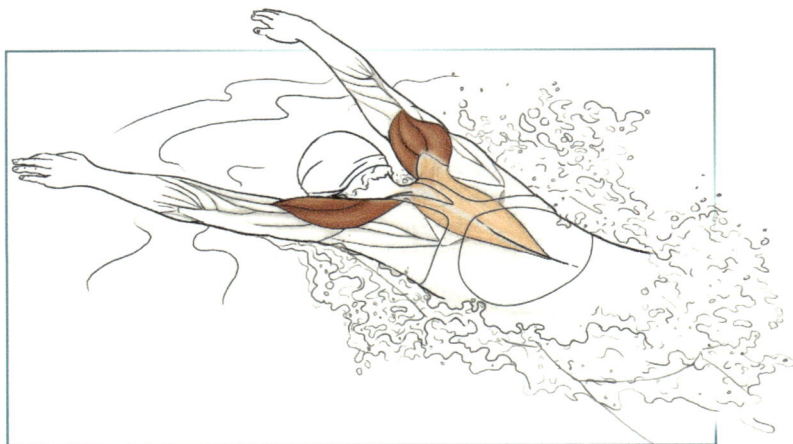

4 胸部

胸部最主要的肌肉——胸大肌，是两个肱骨推动型肌肉之一，在水中它们产生推动游泳者的几乎全部动力。在CHAPTER3中介绍的肩带肌肉、CHAPTER2中介绍的上肢肌肉的辅助下，胸大肌产生的力量传递到手及前臂，作为在水中引导游泳者身体的主要力量。胸部区域的其他肌肉包括胸小肌和前距肌。

胸大肌（68页图4.1）一般被分为两个头：锁骨头（上部）和胸骨头（下部）。由胸大肌上部组成的锁骨段起自锁骨内侧半的前表面。由下部组成的胸骨段起自胸骨前表面和前六个肋骨的软骨。上下两部分结合后绕过肩关节止于肱骨。当胸大肌收缩拉动肱骨时，肩关节发生下列动作：屈曲、伸直、内收和内旋。屈曲动作是将手臂从体侧举向前的动作。与屈曲相反的动作伸直是将手臂从屈曲的位置向体侧收回。内收指将手臂从体侧向身体中线方向移动，这个动作可以是水平或垂直的。内旋指将手绕着身体旋转以便使手掌放于腹部上休息位的动作。对胸大肌和前锯肌的深入理解可以参考CHAPTER3中的内容。在本章中最好将它们的功能理解为帮助稳定肩胛骨，以及肩关节通过胸大肌作用于肱骨。在本章介绍的训练中，也同时激活一些其他肌肉。例如，前锯肌一般在肩关节屈曲时辅助胸大肌。背阔肌帮助伸直肩关节，肱三头肌在一些针对胸大肌的下压练习中帮助伸直肘关节。

如前所述，胸大肌是在水中推动游泳者两个主要动力之一。在自由泳和蝶泳中，由于手先进入水中且身体处于伸直姿势，胸大肌启动推进阶段。这时，胸大肌的上部分纤维对于动作起主要作用。当手的动作向它的锚定点移动时，胸大肌的下部分同背阔肌一起在水中推动游泳者。当手从肩关节下方经过时，胸大肌的上部分肌肉的贡献减少，而下部分则在整个推动阶段占据主要作用。像在蝶泳和自由泳中一样，胸大肌的上部分对于推动阶段的启动作用非常重要，它一般是由手向外划水开始。当手过渡到外划的阶段后，胸大肌起的作用主要包括内收和内旋肩关节。胸大肌在推进阶段转移到恢复阶段时，帮助把双手一起带回到身体中线。在仰泳中，胸大肌在推动的起始阶段中起作用的程度取决于游泳者的技术水平。那些由一个深深的抓水动作开始的游泳者在产生力量时，依赖背阔肌更多而胸大肌更少，而那些由一个浅抓水动作开始的人则更多地依赖于胸大肌。这两种情况中，起始的力量都来源于胸大肌的上部分。而当游泳者进一步在推进阶段中进行时，在推进阶段的剩余部分，下部肌肉开始起主要作用。

在设计陆上训练以及选择练习方法时，一个特别要注意的地方是一般在游泳者中胸大肌不是薄弱的肌肉，而游泳的动作会将它激发到一个很发达的水平。因此，虽然针对胸部肌肉的训练很重要，但是仍然要注意陆上训练的重要目的是保持肌肉的平衡性，而不是更加地激发它们。为了避免胸部的过度发达，在训练时强调背阔肌的拉力训练和强调胸大肌的推动训练的比例应该在2:1。

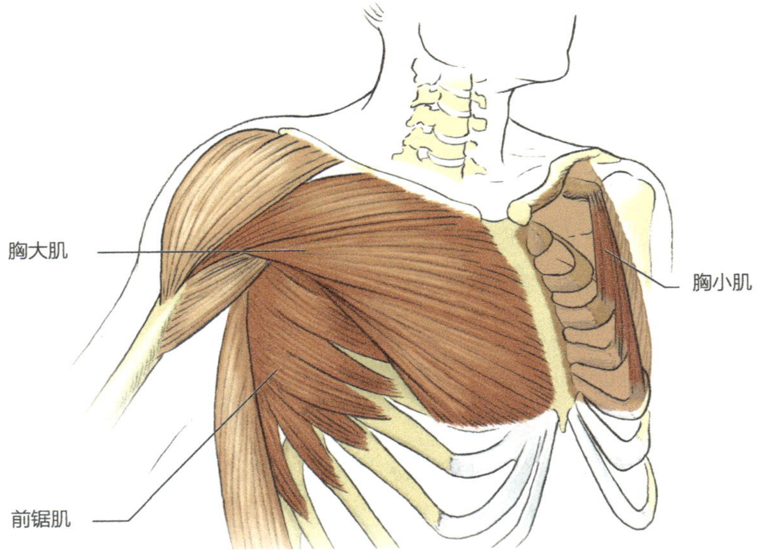

胸大肌

胸小肌

前锯肌

图4.1 ▶ 胸部肌肉

俯卧撑

胸大肌　　　　　　三角肌前束

肱三头肌

执行要点 »

1 将手于肩的水平放在地上，略比肩宽。脚趾支撑下半身。

2 保持身体从踝关节到头顶呈一条直线，向上推起上半身直到肘关节几乎锁住。

3 降低身体直到胸部高于地面约 1 英寸（约 2.5 厘米）。

使用肌肉 »

主要： 胸大肌和肱三头肌。

次要： 三角肌前束。

游泳聚焦 »

　　俯卧撑在陆上训练计划中是一个非常有用的练习方法，因为它几乎不需要任何固定的设备就能进行。它对于增强游泳者的力量以及稳定性都是有好处的。作为一个力量练习，俯卧撑主要针对的是肱三头肌和胸大肌的力量，这两个肌肉群在四种泳姿的推动阶段都会使用到。另外，俯卧撑通过将肩关节处于一个闭链的位置来训练肩关节的一些稳定性肌肉群（肩袖以及肩胛骨稳定肌肉）。

　　你必须在进行本练习时，时刻保持监测你的姿态。一个常见的动作技术失误是不能够将身体从踝关节到头顶保持在一条直线上。导致这样技术失误的两个原因是头部姿势的不恰当以及核心肌肉群的力量薄弱。这两个问题都会使你的下背部向下或向上弓起，从而对你的脊柱产生过度的压力。如果你无法保持一个恰当的姿态，则调整练习的方法，从膝关节而不是大脚趾支撑开始。

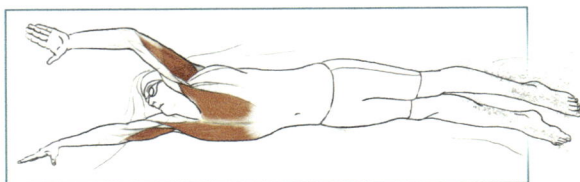

安全提示

　　胸部过度向下可能会增加肩部前部分过多的压力。那些有肩关节损伤或损伤史的应注意避免这个动作。

动作变化 >>

增强式俯卧撑

超等长俯卧撑与普通的俯卧撑不同，普通俯卧撑强调缓慢，有控制性的动作，而超等长俯卧撑强调一个肌肉的爆发性收缩。这种快速、爆发性的动作教会运动游泳者如何在出发转身时快速地转身离墙非常有用。超等长俯卧撑是爆发性地将你的上身向上推起直到手离开地面。对于年轻的游泳者要慎用本练习，因为他们可能尚没有在练习的结尾控制住自己身体的协调性。

跪式俯卧撑

跪式俯卧撑对游泳者是一个很好的过渡练习，它可以使用于那些尚未学会如何进行俯卧撑或者那些并没有足够的上肢以及核心肌肉力量来保持正确的位置的训练者。

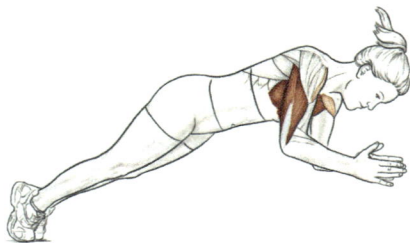

脚抬高俯卧撑

三角肌前束
胸大肌（锁骨头）
肱三头肌

执行要点 »

1 将手放于地面上，略比肩宽。

2 将脚放置于一个升高的物体表面，如游泳跳台，你的身体从踝关节至头顶保持在一条直线上，向上推起你的上身直到肘关节几乎完全锁住。

3 向下降低你的身体直到胸部离地面约一英寸（约2.5厘米）。

使用肌肉 »

主要： 胸大肌（锁骨头）。

次要： 三角肌前束和肱三头肌。

安全提示

由于本动作增加了需要的力量和复杂性，年轻游泳者不宜练习。

游泳聚焦

身体姿势变化的目的是强化训练了胸大肌锁骨头（上部）和肱三头肌前束。脚抬得越高，这种改变越明显。这种改变所针对的胸大肌部分在蝶泳、自由泳和蛙泳的拉动阶段前半程中能够用到。注意身体姿势的变化使本练习更具有挑战性，并且在肩关节上施加额外的压力。所以那些可以在技术动作上保持正常的俯卧撑姿势的人才可以继续进行本练习。一个很好的进行本练习的过渡方法是逐步抬高脚的高度。

动作变化 »

理疗球上脚抬高俯卧撑

在理疗球上进行本动作所针对的肌肉与前面相同，但是由于理疗球自身的不稳定性更增加了本动作的挑战性。这个动作可以通过增加理疗球的充气程度，以及将脚趾作为唯一的支撑点而不是整个脚，来更大的增加难度。

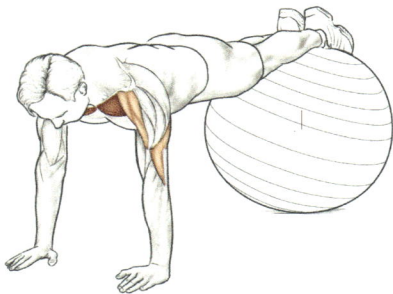

实心健身球俯卧撑

三角肌前束

胸大肌

肱三头肌

执行要点 ≫

1 将两个实心健身球放置于与肩同宽的位置。每个球上放一只手。脚趾支撑下半身。

2 从踝关节直到头顶将身体保持为一条直线，向上推起上半身直到肘关节将要锁住。

3 下降身体直到胸部离地面约一英寸（约2.5厘米）。

使用肌肉 ≫

主要： 胸大肌。

次要： 三角肌前束和肱三头肌。

安全提示

过度的下降胸部会对肩关节的前部分造成额外的压力，那些有肩关节损伤或者损伤史的人要避免此动作。

🏊 游泳聚焦 »

对于那些可以在常规俯卧撑动作中持续地保持正确的技术动作的人来说，加入实心健身球是一个增加该练习难度的有效的方法。实心健身球的不稳定特性，对于肩关节和核心肌肉结构提出了更高的要求，因为它们必须对手锚定在一个不稳定的表面作出反应。另外，手部位置的变化允许本练习有更大的活动范围，通过更大的范围也可以增强肌肉的力量。

动作变化 »

交替手实心健身球俯卧撑

手的交替动作由于两只手的位置不同（一手放在实心健身球上，一手在地板上）而制造了更大的挑战。这种挑战与游泳者在自由泳和仰泳中所遇到的相似。手的不同位置就更强调在实心健身球上的那只手的力量。另外，加在躯干上的旋转动作，也对腹部核心肌肉产生更多的要求。

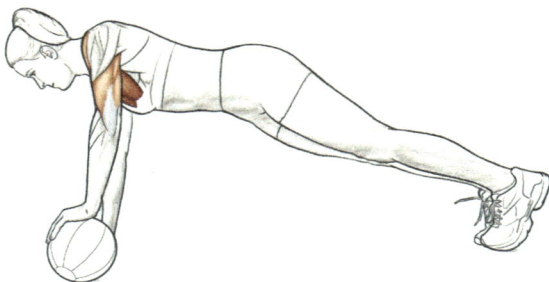

杠铃平凳卧推

三角肌前束

肱三头肌

胸大肌

执行要点 ≫

1 平躺于长凳上，将脚平放于与肩关节同宽的地面上。

2 在头顶上方以手臂伸直的方式抓住杠铃，两手几乎与肩同宽。

3 缓慢地放下杠铃直到它几乎贴近你的胸部中间。

4 推动杠铃向上直到肘关节伸直。

使用肌肉 ≫

主要：胸大肌。

次要：三角肌前束和肱三头肌。

🏊 **游泳聚焦** ≫

　　长凳卧推是几乎所有运动员在针对胸大肌练习时所使用的主要训练方法。这个练习可以使你通过一个很大的活动范围来训练胸大肌的力量，这种力量贯穿于自由泳、蝶泳和蛙泳的整个拉动阶段。虽然它与俯卧撑使用的肌肉群相同，但是它们的阻力不一样，这就克服了俯卧撑的一个缺点。将杠铃下降到胸部中间（乳头连线）是非常重要的，这样做可以使肘关节沿着身体的一侧向下。而将杠铃下降到上胸部的一点（如锁骨处），会将肘关节保持过高，对于肩关节的前部分产生过度的压力。

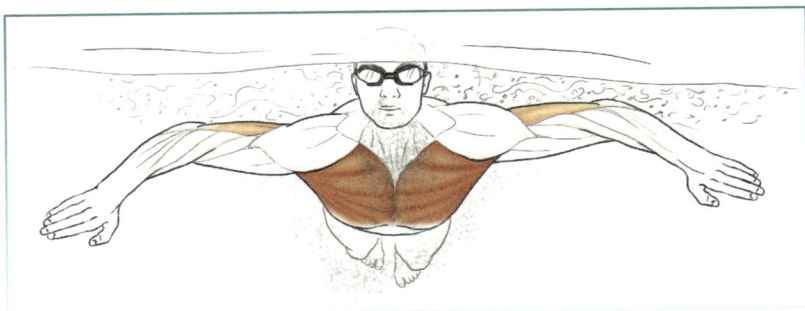

动作变化 ≫

平凳哑铃卧推

使用哑铃可以使两只手各自独立移动，这就制造了一个与游泳中所需要的双手各自动作相似的情况。使用哑铃还通过将双臂分开避免了强侧对弱侧肌肉的代偿。

理疗球哑铃卧推

胸大肌

三角肌前束

执行要点 »

1 双手各持一个哑铃，坐于理疗球上。

2 向下滑动身体成一个桥的姿势，脖子和肩膀在球上保持平衡。

3 保持你的髋关节成直线时，将哑铃向下放到胸部水平。

4 朝上推举哑铃直到肘关节几乎锁住。

使用肌肉 »

主要： 胸大肌。

次要： 三角肌前束和肱三头肌。

🏊 **游泳聚焦** >>

　　本练习与杠铃平凳握推中哑铃变换动作有相同的好处，但是由于它需要额外的一些肌肉群激活来保持身体的姿势，所以它又增加了一点好处。由于只有脚和肩关节作为接触点来支撑身体，这对于躯干和髋关节的稳定肌肉都提出了更高的要求。由于理疗球的不稳定特点，稳定性肌肉为保持身体姿势面临着持续的挑战。

　　当进行本练习时，躯干和髋关节需要保持在一定位置上，使膝关节穿过髋和躯干直到头顶呈一条直线。这个姿态模拟了保持流线型姿态时的要求。同其他练习一样，在练习中过度地向上或向下弯曲下背部都会增加损伤的风险。

安全提示　　年轻的游泳者在确定掌握了在稳定长凳上进行的卧推技巧之前不应进行本练习。

杠铃斜板推举

三角肌
前束

肱三头肌

胸大肌（锁骨头）

执行要点 》

1　坐于倾斜的长凳上（角度在 45 到 60 度），将脚放置与肩同宽。

2　手越过头顶抓住杠铃，手在胸部上方与肩同宽。

3　缓慢地下降杠铃直到它几乎贴近你的上胸部。

4　将杠铃向上举直到肘关节完全伸直。

使用肌肉 》

主要：胸大肌（锁骨头）。

次要：三角肌前、中束和肱三头肌。

🏊 游泳聚焦 »

　　本练习中上半身抬高了位置，练习重点主要针对胸大肌锁骨头（上部）以及三角肌的前束和中束。将胸大肌的上部分分离出来的好处是，它在自由泳、蝶泳和蛙泳的拉动阶段起始部分激活。以这样的姿势针对这个肌肉进行练习，不止增强了拉动阶段的起始部分的力量，同时也增强了你伸展泳姿的自信。

安全提示　保护肩关节避免损伤的关键点是：降低杠铃到胸部中间的位置（乳头连线），而在上举杠铃时不要将手和杠铃放置于肩关节后方。

动作变化 »

哑铃斜板上推举

使用哑铃而不是杠铃可以使两手分开独立动作，更加模拟了在游泳中所遇到的情况。两手分开的动作同样防止了使用杠铃时强侧上臂对弱侧的代偿。

双臂曲伸（胸部版本）

起始姿势

三角肌前束

肱三头肌

胸大肌

执行要点 》

1 身体置于双杠上，用肘关节几乎锁住的位置支撑你的身体重量。

2 当你的胸部向下降时，上半身朝向前方抵住。

3 当上臂与地面平行时，或者当你感觉到肩关节的前部完全伸展时停住。

4 向上推起身体，直到肘关节几乎锁住。

使用肌肉 »

主要：胸大肌、肱三头肌和三角肌前束。

次要：无。

🏊 游泳聚焦 »

　　本练习针对的是胸大肌和肱三头肌，这两个肌肉在所有四种泳姿中都要用到，主要是在拉动阶段。这个练习对蛙游特别有用。这是因为它非常形象地模拟了开始以及每一个转身离墙动作中水下拉动动作的最后部分。根据躯干弯曲的角度不同本练习的重点可以从胸大肌转移到肱三头肌。身体向前靠时，更注重练习胸大肌，而当身体保持胸部向上的方向时，则更注重肱三头肌。

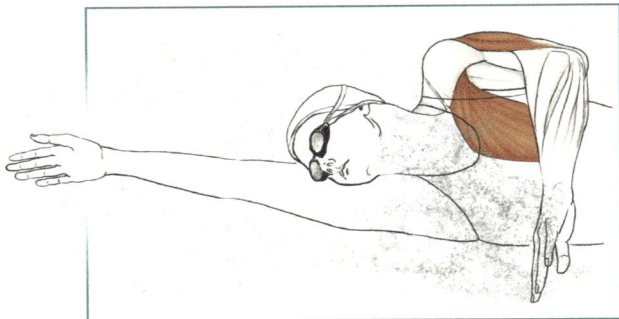

安全提示

　　当进行此练习时，不要使肩关节向下掉落低于肘关节。仅当你感觉到肩关节的前方有拉伸感时下降你的身体。本练习最好使用在赛季的早期，当对游泳距离的要求比较低时，肩关节能够处理此练习产生的额外压力。年轻的游泳者应避免进行此练习。

站立位双臂实心健身球下抛

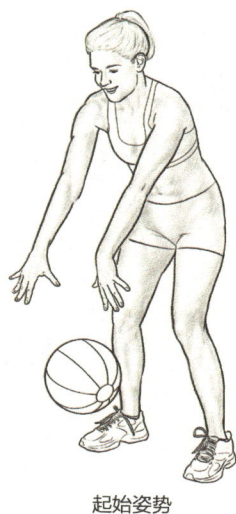

胸大肌

背阔肌

前锯肌

起始姿势

执行要点 >>

1 使用双手将实心健身球举过头顶。

2 用力将实心健身球向下抛，目标在脚前方一个脚掌远处（约30厘米）的地面的一点。

3 当实心健身球从地面弹回时抓住它。

使用肌肉 》

主要：胸大肌和背阔肌。

次要：前锯肌。

🏊 游泳聚焦 》

本练习是少数的同时针对胸大肌和背阔肌爆发性的练习之一。它能够增强四种泳姿拉动阶段的起始部分，对于在手入水至肘部抬高的位置中快速转换非常有用。本练习对蛙泳特别有好处，因为它模拟了在出发及每一个转身离墙的水下拉动动作。

为了从本练习中得到最大的好处，你要在手臂伸长的位置处开始抛球。这个位置能够帮助确定练习开始于一个向上直立的姿势。第二个重点是，当扔球时将动作进行的有爆发力同时有控制力，持续保持扔的动作，直到在髋关节处放开球。

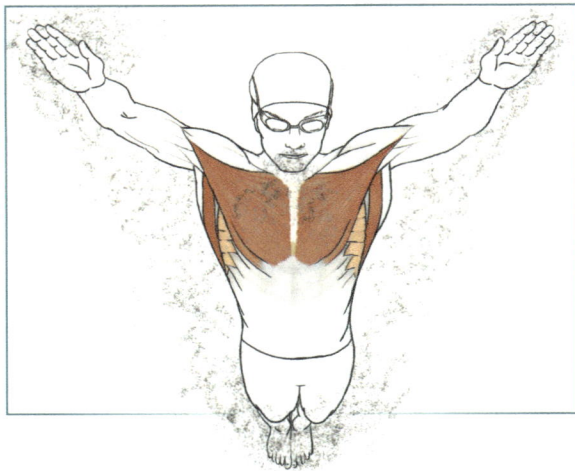

仰卧实心健身球抛接

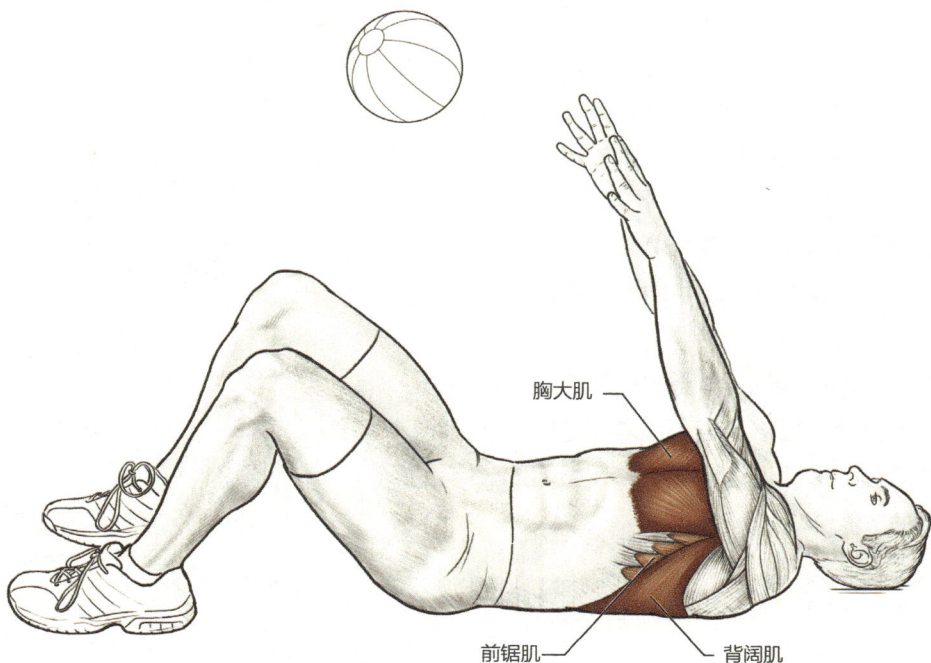

起始姿势

胸大肌

前锯肌 — — 背阔肌

执行要点 »

1 平躺在地上，膝关节弯曲，脚平放。

2 让你的同伴站在离你的脚 4~5 英尺（120~150 厘米）远处。

3 从超过头顶的位置用力将实心健身球抛向你的同伴，当手经过肩关节水平时抛出。

4 可以将你的手继续向下放到体侧。

使用肌肉 »

主要： 胸大肌和背阔肌。

次要： 前锯肌。

🏊 游泳聚焦 »

与站立位双臂实心健身球下抛相似，本练习在爆发性的动作中同时注重训练胸大肌和背阔肌。这两个练习的主要不同在于实心健身球的释放点。本练习中实心健身球在手经过肩关节处释放。这样练习的好处主要是能够在头顶位置同时增强胸大肌和背阔肌的力量。这样能够在四种泳姿的拉动阶段起始部分时，增强你的自信和力量。

将本练习的好处最大化的方法是在手臂伸直的位置抛出球。你可以通过让你的同伴将球传给你，然后迅速地接住球反转它的方向重新做抛球动作。

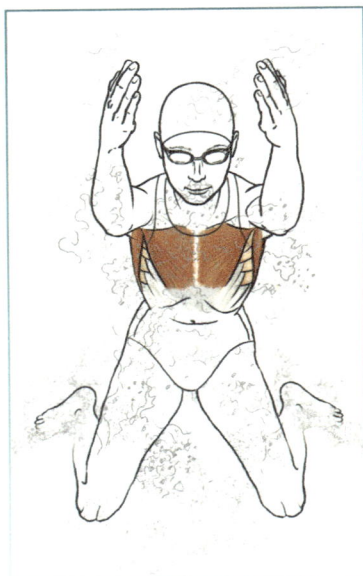

推小车

三角肌
前束

胸大肌

肱三头肌

执行要点 »

1 身体处于一个俯卧撑的位置，让你的同伴抓住你的双脚并将它们举到腰的
位置。

2 注意控制你的身体保持直线，从踝关节到头顶。

3 每次移动一只手，用手向前行走。

使用肌肉 »

主要：胸大肌

次要：三角肌前束和肱三头肌。

🏊 **游泳聚焦** >>

推小车练习对于游泳者有很多方面的好处。作为一个力量练习它针对的是在所有四种泳姿拉动阶段都有重要贡献的胸大肌和肱三头肌。本练习要求肩关节、核心肌肉及髋关节稳定肌肉群结构的激活。这能够帮助预防损伤，保持身体在水中的流线型姿势。而最大的好处之一是，推小车练习能够让你的精神更顽强。

动作的要点是使身体从踝关节到头顶保持一条直线。在进行此练习时错误的动作包括头部与身体的其余部位不在一条直线上，允许背部有过度地向上或向下弯曲。这两种身体姿势的变化都会增加损伤的风险。为了对此练习进行过渡，你首先要尝试停在推小车的位置，但并不移动你的双手。当你能够保持这样的姿势持续超过六十秒时，你可以开始用你的手向前行走。

安全提示　当在泳池边进行此练习时，注意带保护性手套，避免对手产生非必要的损伤。

腹部

为了在水中高效地移动身体，你的手臂和腿必须协调统一动作。这样动作协调的关键在于拥有强壮的核心肌肉，而腹壁肌肉则是组成核心肌肉的主要成分。除了帮助连接上肢和下肢的动作之外，腹部肌肉还在自由泳和仰泳中帮助身体转动，蝶泳和蛙泳中负责躯干的起伏运动和水下的海豚踢。

腹壁肌肉群由四对肌肉组成，它们从胸腔扩展到骨盆。这些肌肉可以被分为两组——一组前群和两组互相对应的外侧群。前群只含有一块左右对称的肌肉：腹直肌，身体的中线将它分为右侧和左侧各一半。两个外侧群各含有剩下的三对肌肉中的一边——腹内斜肌、腹外斜肌和腹横肌（图5.1）。在人体的动作和田径运动中，腹部肌肉主要有两方面的功能：（1）移动，特别是躯干的屈曲（向前弯曲）以及向一侧弯曲（弯向一边），以及躯干的旋转；（2）帮助稳定下背部和躯干。上面这些动作都需要单一肌肉群的活动或者多个肌肉群的协调动作来完成。

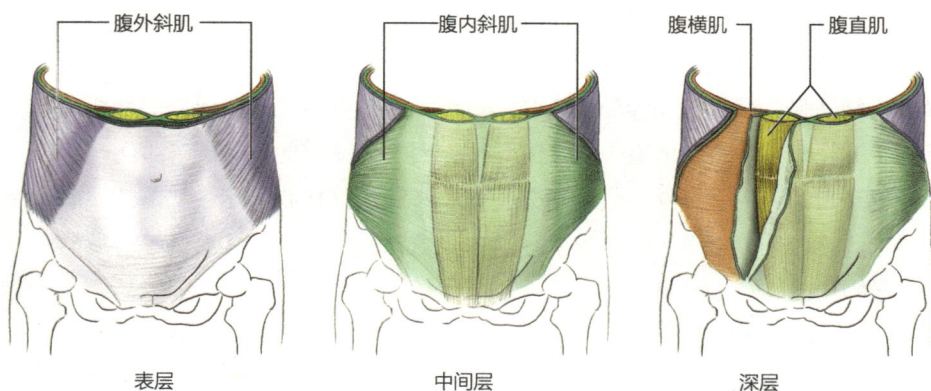

表层   中间层   深层

图5.1 ▶ 腹部肌肉

腹直肌，通常大家熟知的六块腹肌，连接于胸骨上缘以及肋5到肋7的软骨上。然后纤维垂直行走，在耻骨联合和耻骨嵴处连接于骨盆的中间。腹直肌被分为六块外观是由于它们的肌肉被一层称为筋膜的腱鞘组织包裹并分割。沿着身体中线将肌肉分成两半的肉眼可见的线被称作腹白线。腹直肌的上部纤维收缩时，上半身向下弯曲，而当肌肉的下部分收缩时，则拉动骨盆向上朝向胸腔。联合收缩上部和下部纤维，可以将躯干团成一个球形。

外侧的两组肌肉可以被分为三层。腹外斜肌组成了最外侧的一层，从它在肋5到12外侧表面的起点处，倾斜地（沿对角线的）行走，沿着腹白线和骨盆处连接于身体中线。如果你把你的手指想像成这个肌肉的纤维，那么这个纤维行走的方向与你将手伸进你裤子前面口袋时手指的方向一致。腹外斜肌单侧的收缩可以使躯干转向相反的方向，也就是说当你收缩右侧腹外斜肌时，躯干转向左侧。而双侧同时收缩时则导致躯干的弯曲。

中间层是由腹内斜肌组成。它纤维的行走方向与腹外斜肌相垂直。这个肌肉起始于骨盆的上方的一个结构叫胸腰筋膜，是一个由致密结缔组织构成的宽带，连接于脊柱的上部和下腰部区域。从腹内斜肌的后方向前包裹腹部的前方，插入腹白线和耻骨。单侧收缩腹内斜肌，可以将躯干转向同侧，而双侧同时收缩则弯曲躯干。三层肌肉中的最深层是由腹横肌构成，它之所以叫腹横肌是由于该肌肉横向（水平）的行走于腹部。腹横肌起自于肋5到12的内侧表面，骨盆的上部分，以及胸腰筋膜。该肌肉同腹内斜肌联合行走到身体中线，连接于腹白线和耻骨。腹横肌的收缩并没有造成躯干明显的动作，但是它和其他外侧群的肌肉一起作为核心稳定肌肉。为了帮助人们了解外侧群肌肉对身体核心稳定性功能的贡献，常常将它们比做一件紧身衣，当这件紧身衣收紧时，可以把你的身体核心保持于一个稳定的位置。

注意其他肌肉，包括前矩肌和曲髋肌肉群。在进行本章中的某些练习时，这些肌肉可以同腹部肌肉一起发挥作用。像在CHAPTER3中描述的，前锯肌的主要功能是作为肩胛骨的稳定肌肉，但同时，在一些针对腹外斜肌和腹内斜肌的练习中它同样起作用。两个最主要的曲髋肌肉是股直肌和髂腰肌，同CHAPTER7描述的那样，这些肌肉能否屈曲髋关节并同时弯曲下部分躯干，取决于躯干下方是否固定。

　　在游泳运动中腹部核心肌肉的作用类别很容易划分。这取决于它们在躯干的屈曲、旋转和稳定中起的作用。由于腹直肌、腹外斜肌和腹内斜肌可以弯曲躯干，所以它们在游泳动作中都发挥着重要的作用。例如，在空翻转身时，弯曲躯干由腹直肌的上部分纤维启动，由腹直肌的下部纤维保持，同时与其他斜肌一起来辅助完成。弯曲躯干的肌肉对于在蝶泳、自由泳和水下海豚踢中身体波动时的翻转动作也非常重要。除了负责弯曲躯干，腹内和腹外斜肌同时也负责躯干的旋转动作，强壮的斜肌对于增加蝶泳和蛙泳中触墙转身时的速度非常重要。在自由泳和仰泳中，斜肌在身体翻转的动作中激活，负责将手臂的动作和髋、腿的动作连接起来。如前所述，腹部肌肉的作用像一件胸衣，对于稳定躯干发挥核心作用。躯干的稳定性对于水中高效的动作是非常关键的，因为它能够提供一个稳定的支撑平台，让手臂和腿能够产生它们的推动力量。

　　当你在陆上训练计划中加入腹部力量训练时，你必须理解正确的技术是至关重要的。正确技术的关键在于动员腹部肌肉用于固定或者锁定身体核心，就如CHAPTER2中边栏中所描述的那样。固定身体核心最开始要使用腹部肌肉来控制髋关节和下腰部的位置。就像本章介绍的第一个训练姿势腹肌支撑中所描绘的那样，首先从背部朝下躺下开始。在这个姿势中，腹部肌肉收缩将髋关节向后翻卷，将下腰部向下压向地板。而相反地，髋部屈曲肌肉收缩时，将髋向前卷曲，使下腰部弯成弓形。当髋关节向前后弯曲的动作都适应了之后，注意力要转移到控制下腰部和骨盆在一个中立的、固定的位置上。帮助保持中立姿势的一个有效方法是将所有的腹部肌肉想象成一个紧身衣，然后按此方法有意识地收缩腹部肌肉。你必须在开始每一个腹部训练之前，先固定核心肌肉，然后将其贯穿于整个训练动作之中，始终保持并将其作为所有动作的基础。通常情况下，下腰部过分地弯曲就提示你核心肌肉没有固定好，比如你在进行头朝地面的练习动作时，过度地弓起下腰部并且使髋关节抬起朝向天花板的动作就是核心肌肉没有固定的表现。这些补偿动作都说明，你过分依赖了你强壮的屈髋肌肉（股直肌和髂腰肌）来保持身体的位置，而不是使用你的腹部肌肉系统。

腹肌支撑

腹直肌

前锯肌

腹外斜肌

执行要点 »

1 仰面躺在地板上，手臂放于身体两侧，膝盖弯曲，脚支撑在地板上。

2 夹紧腹部肌肉，像一件紧身衣一样固定身体核心。

3 将肩关节举起离地面 6 英寸（约 15 厘米），确保下背部保持稳定且在固定的位置。

4 当抬起肩关节时，手臂够向膝盖顶端。

5 保持这样的姿势六十秒，直到你无法将下背部继续固定。

使用肌肉 »

主要：腹直肌（上部纤维）。

次要：腹外斜肌、腹内斜肌、腹横肌和前锯肌。

游泳聚焦 »

这个练习将帮助读者学习如何使用你的腹部肌肉来固定髋关节的位置，以及使用正确的技术来稳定下背部。在开始的姿势时，你可以尝试通过收缩和放松你的腹部肌肉来转动髋关节向前向后。练习这个动作可以帮助你获得髋关节的位置感。有了这种感受，你就会在其他练习中发现自己离开了正确的位置。你的同伴可以通过测试他或她的手是否可以在你的下背部滑动来监测你的姿势。如果你的同伴可以将整个手放入你的下背部，那么你就没有处于一个正确的姿势。当你举起你的肩膀离开地面时，越过膝盖朝下看你的手臂可以增加腹直肌上部分纤维的使用。

本练习直接的好处是增强核心肌肉的力量，以便于能保持一个严格的流线型姿势，并减小运动损伤的风险。针对腹直肌上部分纤维的练习，可以帮助在自由泳和仰泳的空翻转身中，启动躯干的弯曲动作。

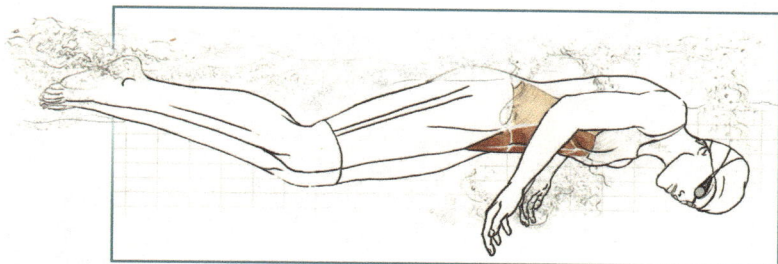

动作变化 »

脚抬高腹肌支撑

加入腿部的动作之后本练习的挑战性明显增加。同样地，正确进行本练习的关键点是如何保证背部紧贴于地面。

平板支撑及侧位支撑(看电视)

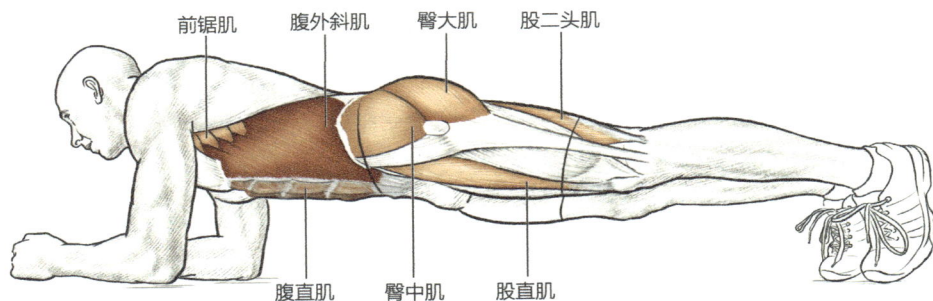

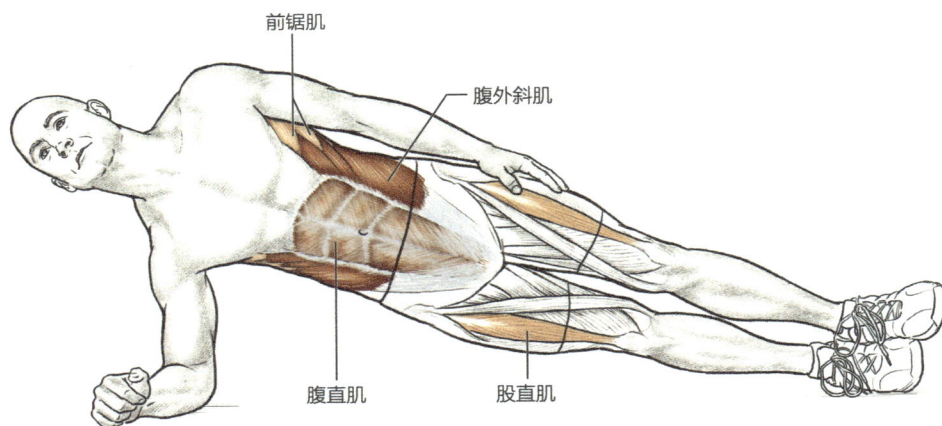

前锯肌　腹外斜肌　臀大肌　股二头肌

腹直肌　臀中肌　股直肌

前锯肌

腹外斜肌

腹直肌　　　　股直肌

执行要点 》

1 面朝下，用脚趾和前臂支撑身体中。

2 以开始的姿势支撑 15 秒之后，旋转身体使之垂直于地面，使用单臂支撑。

3 保持本姿势 15 秒之后，旋转回到起始位置。

4 最后，再次旋转你的身体垂直于地面，但是脸朝向相反的方向，保持 15 秒。

使用肌肉 »

主要： 腹直肌、腹外斜肌、腹内斜肌和腹横肌。

次要： 前锯肌、股直肌、臀大肌、臀中肌、股二头肌、半腱和肌半膜肌。

游泳聚焦 »

　　当你的目标是获得腹部肌肉稳定下背部时，本练习是一个很好的从腹肌支撑转变为更具有挑战性的练习的过渡方法。同样的，监测臀部以及下背部的姿势对于本练习非常重要。在开始以及结束的位置，身体必须从踝关节一直到头顶始终保持一条直线。如果臀部开始下降，那么此时游泳者就需要注意夹紧腹部肌肉。同时，监测头部的位置对于本练习同样很重要，因为它会间接地影响下背部的姿势。如果头与身体的其他部位不在一条直线上，那么保持正确的姿势就会非常困难。随着你进行本项练习熟练度增加，你可以逐渐增加每一个姿势所维持的时间，目标是从30秒增加到45秒。

　　通过学习如何控制腹部肌肉，本练习在所有的四种泳姿中，对于以流线型姿势出发和转身离墙时更好的保持臀部和下腰部的姿势，都是一个非常好的全面的练习。

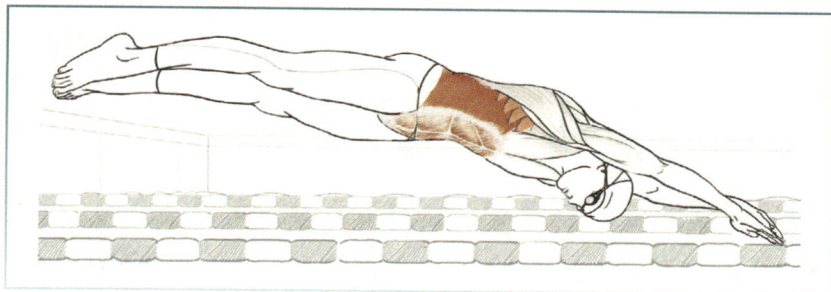

V型上举

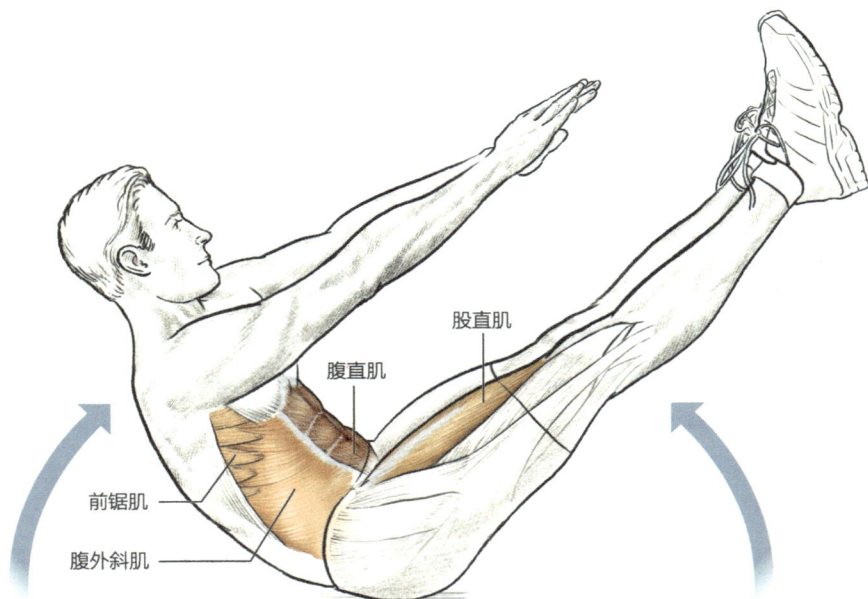

股直肌

腹直肌

前锯肌

腹外斜肌

执行要点 »

1 呈流线型姿势，脸朝上躺下，保持腹部肌肉夹紧稳定核心。

2 同时将双臂向前，并举起双腿，直到手能够碰到你的脚。

3 慢慢地反转动作，当手和脚刚刚到达地面时停止，然后循环重复。

使用肌肉 »

主要： 腹直肌（上部和下部纤维）。

次要： 腹外斜肌、腹内斜肌、腹横肌、前锯肌、股直肌和髂腰肌。

游泳聚焦 >>

　　本练习通过在一个很大的活动范围运动来加强腹直肌的力量，因此，它对于想要获得更快的空翻转身速度的自由泳和仰泳运动员都是一个非常有用的练习。强调在每一个重复时都保持绷紧的流线型姿势会对所有的泳姿都会有益处。当开始这个动作时，避免上下摇摆你的手而产生动量，这是作弊的一种方式。在本练习的每次重复中，手和脚刚刚离开地面后保持住流线型姿势持续3到4秒，则更加具有挑战性。

摆动踢腿

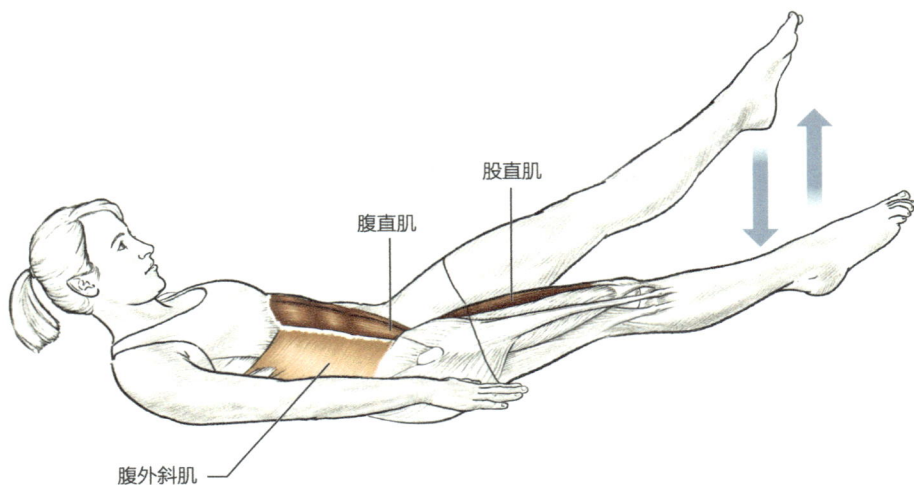

股直肌

腹直肌

腹外斜肌

执行要点 »

1 躺在地面上，手臂位于体侧，夹紧腹部肌肉来固定躯干核心。

2 举起肩关节离地 4 英寸（约 10 厘米），脚离地 12 英寸（约 30 厘米），保证下背部在中立位。

3 保持这个姿势，摆动踢腿 60 秒，或者直到你无法保证下背部在稳定的中立位时。

使用肌肉 »

主要： 腹直肌（下部纤维）、股直肌。

次要： 腹外斜肌、腹内斜肌、腹横肌和髂腰肌。

游泳聚焦 »

本练习是在掌握了腹肌支撑之后一个很好的过渡练习。同腹肌支撑一样，本练习强调保持下背部在一个稳定的固定姿势。如果下背部开始弯曲，那么腹部肌肉就不再控制下背部于稳定的固定姿势，就会被髋关节的弯曲所控制。协调的摆动踢腿动作使本练习对于自由泳和仰泳的游泳者非常有用。

为了避免使用手的弯曲位置来控制上半身，进行此练习时将手抬离地面1英寸（约2.5厘米）。

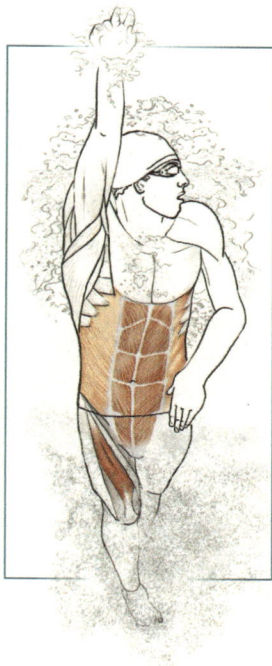

动作变化 »

流线型摆动踢腿

这个动作变化是将手臂保持于头顶的流线形的位置。这个动作变化增加了练习的难度，使它对于游泳训练更加特殊性。由于难度的增加，确保你将核心肌肉夹紧固定，并且下背部保持在中立的位置。

理疗球卷腹

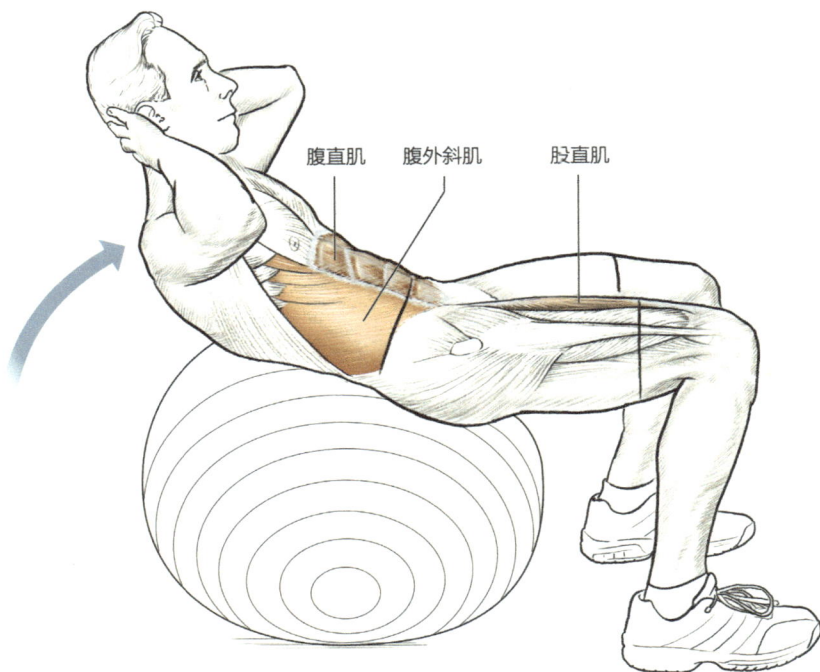

腹直肌　　腹外斜肌　　股直肌

执行要点 >>

1 理疗球位于身体背部中间，身体成桥的姿势。你双手的手指可以相互碰到，但是不需要在脑后相交叉。

2 举起肩部朝向天花板，将胸部朝前，形成卷腹的动作。

3 缓慢地将肩部带回起始位置。

使用肌肉 >>

主要： 腹直肌。

次要： 腹外斜肌、腹内斜肌、腹横肌和股直肌。

游泳聚焦 »

由于本动作开始于背部伸直的位置，所以这个练习通过一个特定的活动范围，来锻炼本章中其他练习所不能练习到的腹直肌部分。这个特征使本练习对于蛙泳和蝶泳的游泳者非常有用，因为这个动作在这些泳姿的身体起伏动作中出现。

当进行本练习时，保持你的手在头后放松，不要用手将头向前拉。另外，你身体在理疗球上的位置必须在整个练习中始终保持。如果你的臀部向下反卷，你的肩膀抬起，就会失去对腹直肌的单独训练作用。避免此事发生的简单方法是注意保持大腿与地面平行。

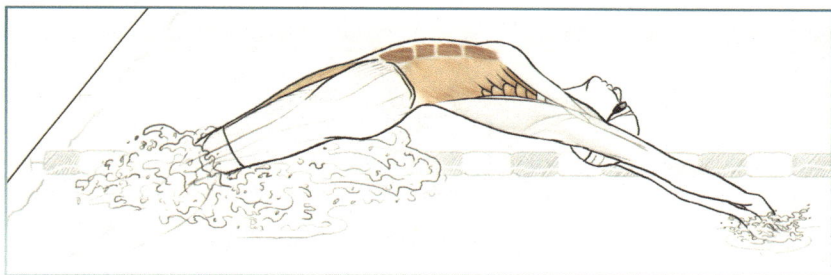

动作变化 »

躯干旋转理疗球卷腹

在动作中加入了身体的扭转使得练习重点从腹直肌转为腹外斜肌和腹内斜肌。这个练习对于在自由泳和仰泳中将上臂和腿连接起来非常有用。

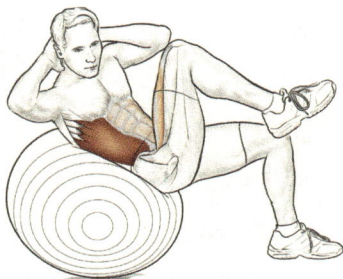

绳索卷腹

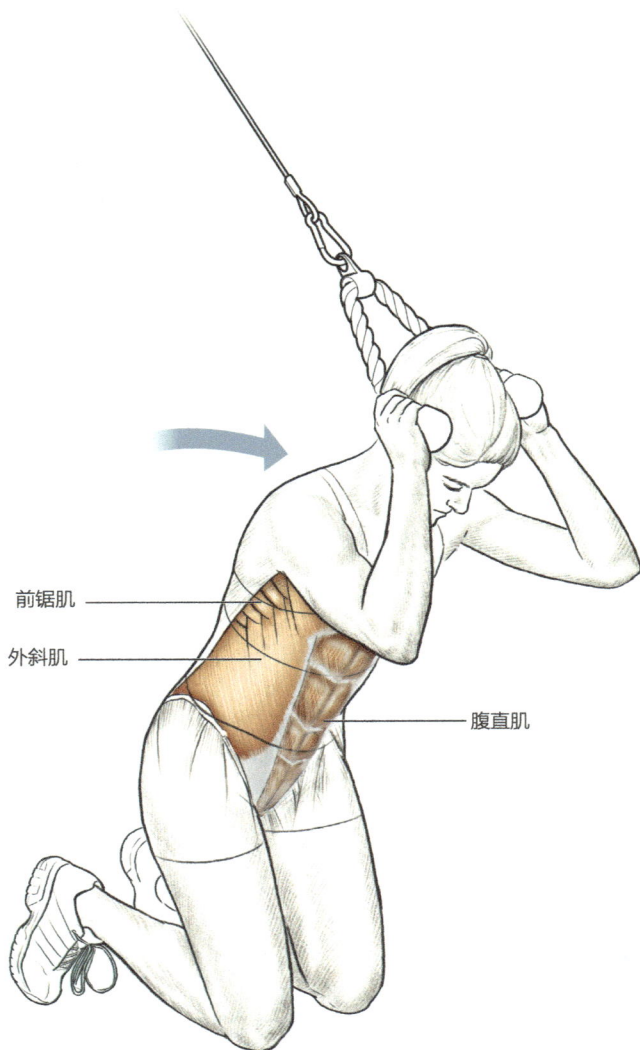

前锯肌

外斜肌

腹直肌

执行要点 >>

1 跪在滑轮机器的前方地面上。肘关节弯曲，双手在头后方各持滑轮绳索的一个尾端。

2 保持臀部的静止，弯曲腰，卷曲躯干向下。

3 缓慢地回到起始姿势。

使用肌肉 »

主要：腹直肌。
次要：前锯肌、腹内斜肌、腹外斜肌和腹横肌。

游泳聚焦 »

　　使用滑轮机器，可以使本练习能够在变化的阻力下进行。因此本练习通过简单地改变重复的次数以及重量，使得训练重心从耐力练习变为力量练习。与本章中其他主要依靠身体重量为主的练习相比，本练习中变化的阻力是它的一个优点。这个练习中的动作可以非常形象地模仿空翻转身时的动作，但是又由于它针对的所有腹部肌肉有很大的活动范围，以及阻力的变化范围大，所以本练习对所有的四种泳姿都非常有用。

　　为了从本练习中获得最大的益处，卷曲的动作非常重要，卷曲开始于上部躯干，一路向下直到腰际。当进行本练习时，不要试图通过手来向下拉，这样的动作会使重心从腹部肌肉转移，而对于关节和脖子的肌肉产生额外的压力。

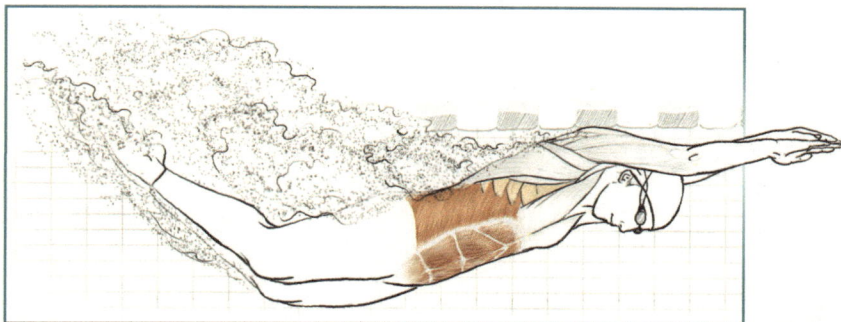

坐位理疗球腹肌保持

前锯肌

腹直肌

腹外斜肌

股直肌

执行要点 》

1 以直立向上的姿势坐于理疗球上，固定腹部肌肉。

2 缓慢地向后靠直到上部躯干与地面呈 45 度角。

3 举起一只胳膊，朝上直到形成流线型姿势。

4 放下手臂然后另一只手重复动作。

使用肌肉 »

主要： 腹直肌、股直肌和髂腰肌。
次要： 前锯肌、腹内斜肌、腹外斜肌和腹横肌。

游泳聚焦 »

很容易可以看出本练习对于仰泳中核心肌肉的力量增强有直接作用。躯干旋转动作与仰泳中强调腹内斜肌和腹外斜肌的动作非常相似。通过双臂一致运动形成一个流线型姿势，本练习将动作重点转移到核心肌肉的力量，因为它们帮助在出发以及转身时保持身体的流线型姿势。

当进行本项练习时，主要的关注点需要放在：（1）在整个练习中持续固定腹部的姿势；（2）上臂和躯干的动作必须缓慢有控制性地进行。

俄罗斯式扭转

腹直肌

腹外斜肌

起始姿势

执行要点 >>

1 坐在地上，弯曲膝关节，夹紧腹部肌肉向后靠，直到脚举起离地面 4 到 6 英寸（10 到 15 厘米）。在胸前用手握住一个实心健身球。

2 只移动躯干，旋转到一侧，快速翻转动作旋转到另一侧。

3 持续直到你完成整套重复动作。

使用肌肉 »

主要： 腹直肌、腹外斜肌和腹内斜肌。
次要： 腰大肌。

游泳聚焦 »

本练习的重点是针对腹外斜肌和腹内斜肌。它们对于在自由泳、仰泳中将上臂和腿的动作连接起来特别重要，特别是在一个身体伸长的位置上。上部躯干旋转的动作与蝶泳和蛙泳中摆动式转身中的动作非常相似，因此此练习可以被用于提高转身离墙的速度。

为了保证练习的重点在腹部肌肉结构，你需要将实心健身球紧握住，靠近胸部。如果你的实心健身球远离了胸部，并且碰到了地面，那么你的腹部肌肉就会被肩部的肌肉所代偿。

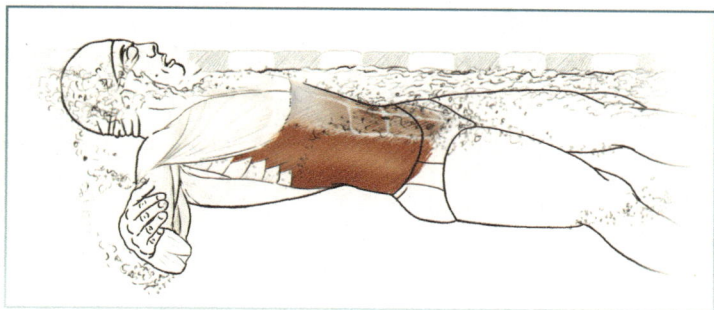

膝跪式下劈

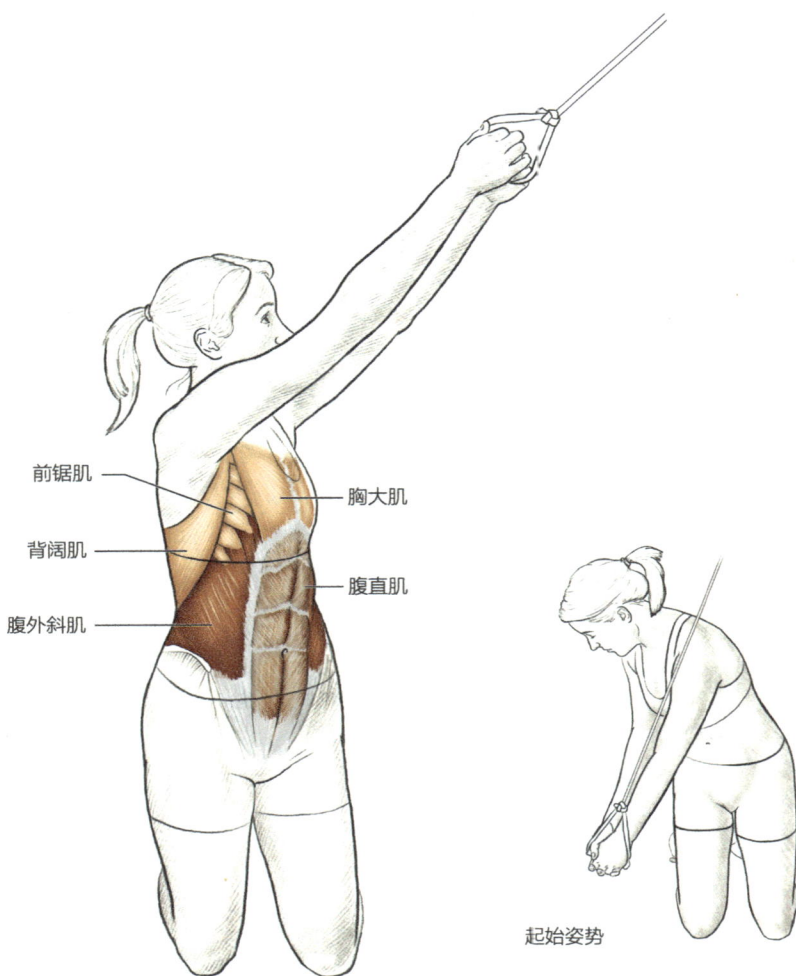

前锯肌

胸大肌

背阔肌

腹直肌

腹外斜肌

起始姿势

执行要点 >>

1 身体处于跪姿，并且高处的滑轮在你肩关节后方的对角线处。

2 从你的后上方，双手同时抓住握柄。

3 腹部肌肉引导整个动作的开始，手臂应该作为躯干的延伸。

4 使用弧形的动作，引导手向下朝向对侧的膝盖。

5 反转动作回到起始位置。

使用肌肉 ≫

主要：腹直肌、腹外斜肌和腹内斜肌。

次要：前锯肌、背阔肌和胸大肌。

游泳聚焦 ≫

　　由于本练习开始时手臂和躯干处于一个拉伸以及延长的姿势，所以它可以帮助游泳者在所有的四种泳姿开始拉动的阶段，提高力量以及自信。本练习另外一个重点是，它同时强调了背阔肌和胸大肌的使用，这可以帮助它们同腹部肌肉一起激活。这种肌肉的联合激活可以帮助游泳者通过手臂的移动与核心结构的连接，来获得更多的力量。

　　当进行本练习时，头部应该跟随手部的动作。这个动作将手臂同躯干的移动连接起来，反过来影响腹部肌肉。如果不这样做，就会有主要使用手臂而不是躯干来完成这个动作的风险，那样就会抵消本练习的大部分的好处。

理疗球祈祷式滚动

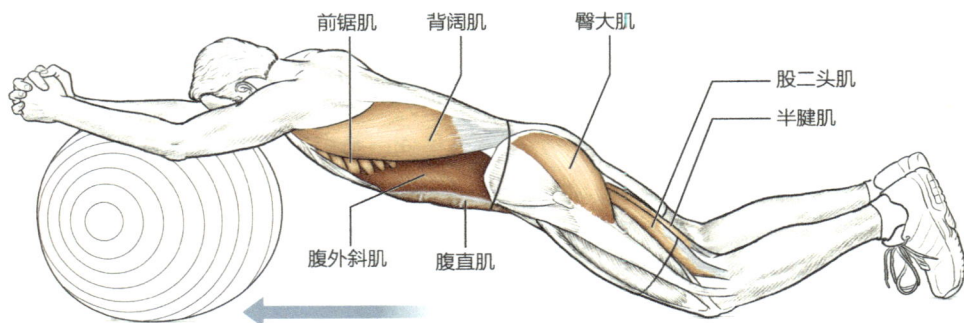

前锯肌　背阔肌　　臀大肌　　股二头肌　半腱肌　腹外斜肌　腹直肌

执行要点 »

1　使用你的前臂在理疗球上支撑上部身体，用你的膝关节和脚趾来支撑你的下半身。

2　固定腹部肌肉来稳定脊柱于中立位。

3　缓慢地滚动理疗球，使你的手臂能够随着球移动，而膝关节变直。

4　停在终止位置上，然后回到起始位置。

使用肌肉 »

主要：腹直肌、腹外斜肌、腹内斜肌和腹横肌。
次要：背阔肌、前锯肌、臀大肌、股二头肌、半腱肌和半膜肌。

游泳聚焦 »

　　这个核心肌肉力量练习对于蛙泳特别有益处。它可以帮助蛙泳运动员增强在拉动的起始阶段，身体属于伸长姿势时的自信。另外本练习针对的腹部肌肉，能够帮助增强它们在蛙泳和蝶泳中身体起伏动作时产生的力量。

　　为了使本练习得到最大的好处，你必须全程固定脊柱在中立位。臀部下沉或者背部弯曲是这种控制力丧失的表现。本练习的难点可以通过改变前臂在理疗球上的位置来调整。如果开始位置时，手和前臂低于球，更接近于地面，那么这个练习就会更难，因为你必须将球滚动到离身体更远的位置。

理疗球上部躯干旋转

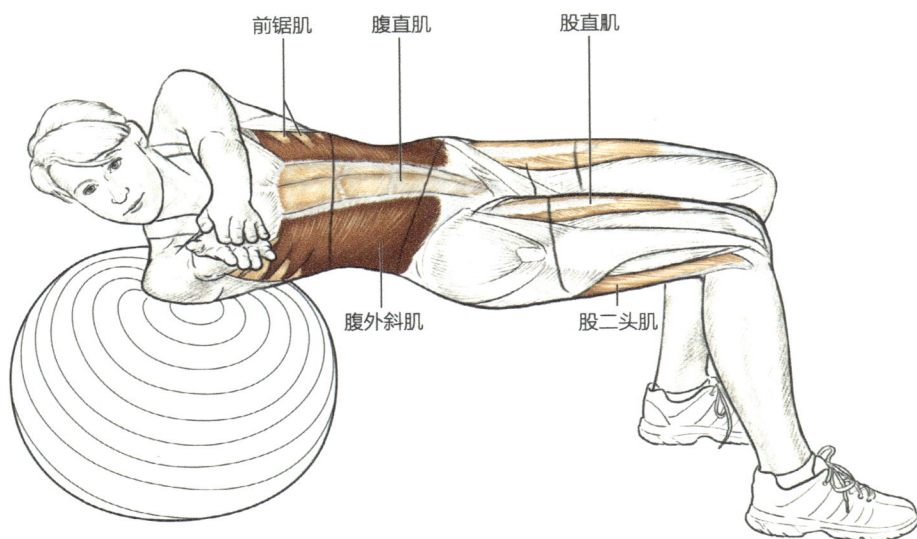

起始姿势

前锯肌　腹直肌　　股直肌

腹外斜肌　　股二头肌

执行要点 »

1　坐在理疗球上，向下滑动成桥的姿势，使用脖子和肩膀在球上保持平衡。将手臂指向天花板。

2　当保持你的臀部呈直线，以及脊柱在中立位时，旋转你的上身到一侧。

3　停住，然后旋转向对侧。

使用肌肉 》

主要： 腹外斜肌、腹内斜肌和腹横肌。

次要： 前锯肌、腹直肌、股直肌、臀大肌、股二头肌、半腱肌和半膜肌。

游泳聚集 》

　　本练习中使用的旋转动作对于腹部斜肌的力量锻炼非常有效，它们能够加强在自由泳和仰泳中手臂和腿的连接。本练习还可以增强游泳者对臀部位置的感觉和控制，从而帮助那些在仰泳中保持臀部抬高的位置中时存在困难的游泳者。

　　本练习中旋转动作的角度取决于臀部是否是直线，也就是说如果臀部的位置无法被控制时肩部就开始旋转。对于那些刚刚开始练习本动作或者是核心肌肉力量较薄弱的练习者来说，最好的循序渐进的方式是，控制旋转的动作很小，并关注于在开始时保持桥的姿势60秒。随着练习的熟练程度增加，注意力可以转移为增加上半身旋转的动作，以及达到一定的重复次数。

理疗球镰刀式折叠

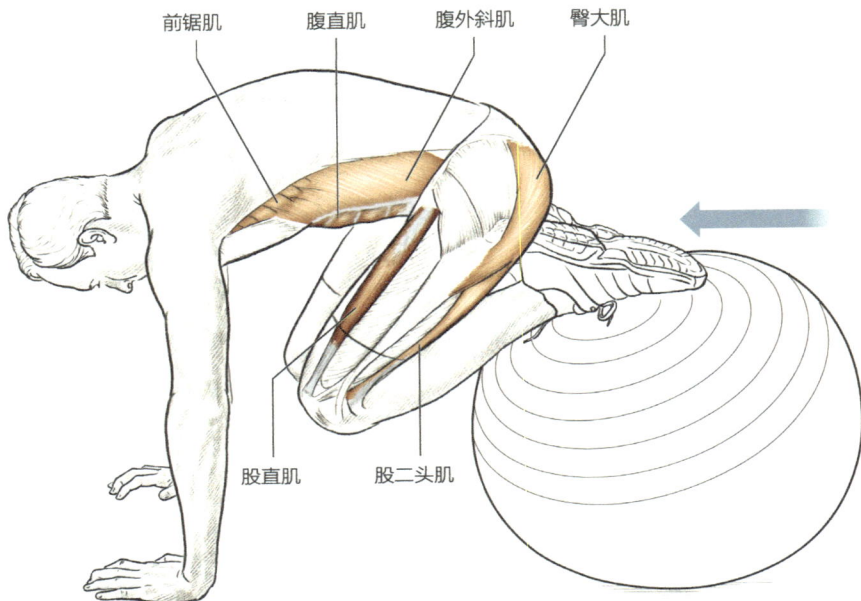

前锯肌　　腹直肌　　腹外斜肌　　臀大肌

股直肌　　股二头肌

执行要点 »

1　理疗球放置于脚下，然后将手向前行走移动，达到开始位置。

2　当你处于开始位置时，注意从踝关节直到头顶保持腿和身体在一条直线上。

3　使用腹部肌肉的力量开始折叠的动作，将膝盖拉向你的胸部。

4　在结束位置上暂停，然后反转腿部动作。

使用肌肉 »

主要： 腹直肌、股直肌和髂腰肌。

次要： 前锯肌、腹外、内斜肌、臀大肌、股二头肌、半腱肌和半膜肌。

游泳聚焦 »

对于很多游泳者来说，单纯做到本练习的开始姿势都是一个挑战。开始动作强调应该保持身体从头至脚成一条直线并维持60秒。维持此动作所训练的肌肉绝对会大大地增强你在水中保持流线型姿势的能力。通过增加躯干弯曲的同时弯曲臀部可以将本练习的重点从一个普通的稳定性练习变为同时针对腹直肌和屈髋肌肉（股直肌和髂腰肌）的练习。通过将这些肌肉练习相结合，本练习可以增强核心肌肉与臀部屈肌的关系，这能够增强蛙泳和自由泳中臀部转动的动作。

动作变化 »

理疗球剪刀式折叠加扭转

额外增加的扭转动作将动作的重心从腹直肌转变为腹内肌及腹外斜肌。这样的变化增加了该练习的益处，使其同样适用于自由泳及仰泳的游泳者。

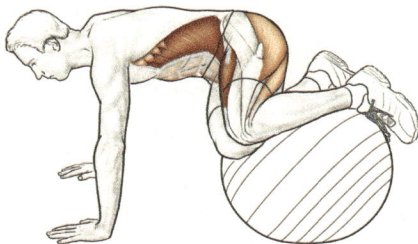

6 CHAPTER 背部

　　背阔肌和竖脊肌肌群是本章中两个主要的训练目标（图6.1）。背阔肌，是肱骨的推动肌肉，主要负责上肢的运动，其主要功能是在水中产生将游泳者推动的大部分力量。背阔肌结合肩带（CHAPTER3）和上肢肌肉（CHAPTER2）一起将力量传递到手和前臂，它们在各种泳姿中均负责在水中带动游泳者的身体。同它的名字一样，竖脊肌肌群要的功能是伸展脊柱，以保持身体的竖直，在游泳中则负责在水中将身体保持在适宜的水平位置。

　　背阔肌是一个三角形的扁平肌肉，起自于胸椎的下方、胸腰筋膜以及后部的髂棘处（骨盆的后部）。回想CHAPTER5的内容可以发现，许多核心肌肉都连接于胸腹筋膜，因此就形象地将背阔肌同核心稳定肌肉连接起来。肌肉的连接处形成了三角形的附属装置，而肌肉纤维逐渐在三角的顶端过渡为肌腱，连接于肱骨上部。通过它在肱骨上的连接处，背阔肌收缩时产生肩关节的下列动作：伸直、内收和内旋。伸直的动作是将上臂从前面抬起的位置向下带回的动作，或者是当上臂已经在身体侧部时，将手够到身体背后的动作——想象一个接力赛的跑步运动员，交接棒时从背后抓棒的动作。内收的动作是将手臂从头顶的位置带回体侧，就像在立定跳远中的动作那样。内旋包括将手向内旋转，朝向身体中线。如果你通读整个练习就会发现许多肌肉都同背阔肌一起被激活以发挥作用，如斜方肌的下部和中部纤维，以及大菱形肌和小菱形肌，它们一般都辅助肩带的收缩。大圆肌帮助伸直肩关节，而肱二头肌和肱肌则帮助屈曲肘关节。

　　竖脊肌肌肉群由一系列肌肉组成，这些肌肉分为三排，分别沿着脊柱垂直行走。外侧为髂肋肌，中间为最长肌，内侧大部分为棘肌。各肌共享一个起点，分散于后侧髂棘、后方骶骨以及一部分的腰椎。上止点各不相同，取决于每组肌肉。当脊柱两侧的竖脊肌协同收缩时，躯干伸直。当只是收缩一侧肌肉群时，横向弯曲（侧弯）以及旋转肌肉收缩侧的躯干。臀大肌和腘绳肌群（股二头肌、半腱肌和半膜肌）一般与竖脊肌协同收缩，因为它们的作用是伸直髋关节，所以一般与脊柱的伸直同时发生，它们的解剖特点会在CHAPTER7中进行讨论。

　　虽然胸大肌和背阔肌都被定义为肱骨的推动肌肉，一起产生上肢推进的绝大部分力量，负责将游泳者在水中推进，但是在二者之间，背阔肌是主要的推动力量。在自由泳、蝶泳和蛙泳中，背阔肌在推进阶段的拉动部分起始过程中，在手刚刚入水之后紧接着发挥作用。在仰泳中，背阔肌和手的动作同时进行。在所有的四种泳姿中，背阔肌激活于推进阶段的开始，一直延伸到恢复阶段的开始。而在蝶泳中，它参与恢复阶段的起始。对于针对腹肌的所有练习，都要额外的注意在结束姿势时，夹紧肩带。这样做的目的是为了增加稳定肩带的肌肉结构的动员，对于后面的练习中会有更多的好处。

竖脊肌肌肉群对于游泳者在水中保持水平的姿态非常重要，尤其是在仰泳中。而当游泳者出现很难在水中保持严格的流线型或者在仰泳时出现臀部下沉的情况，就要高度怀疑竖脊肌的薄弱。竖脊肌肌群负责在蝶泳、仰泳以及水下海豚踢时身体的波动动作中伸直脊柱。竖脊肌肌肉群同时也在所有四种泳姿的开始阶段起到重要的作用。当从岸边出发时，竖脊肌肌肉群的主要的功能是负责保持身体的流线型姿势。而在仰泳的开始阶段，竖脊肌的收缩可以使身体成弓型姿态，让游泳者更快地从墙壁离开进入水中。

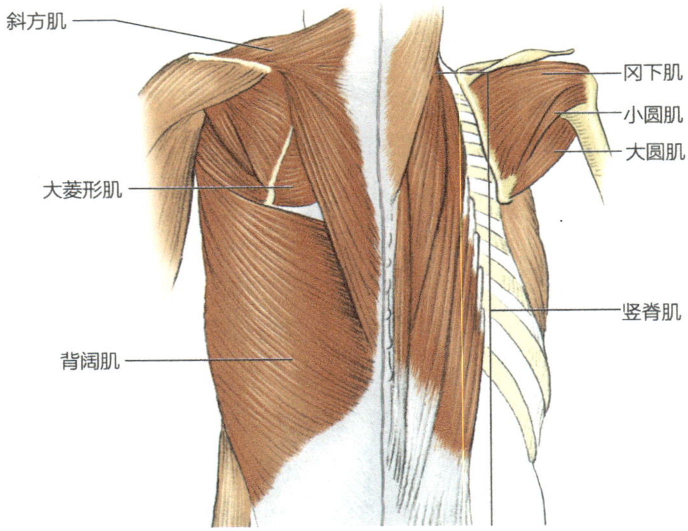

图6.1 ▶ 背部肌肉

反握引体向上

小菱形肌

大菱形肌

斜方肌下部

大圆肌

背阔肌

肱二头肌

肱肌

执行要点 »

1 反握法抓住杠，手掌朝向身体。你的手掌之间应略比肩宽，控制膝关节弯曲，两脚相互交叉，一脚在另一只上。

2 从这个悬吊的位置向上拉起你的身体，注意将胸部带向杠的方向。

3 在动作的顶端暂停，然后缓慢地回到悬吊的位置。

使用肌肉

主要： 背阔肌。

次要： 肱二头肌、肱肌、斜方肌下部、大菱形肌、小菱形肌和大圆肌。

🏊 游泳聚焦 》

反握引体向上是对陆上练习非常好的一个补充训练方法，因为只要是有正握或反握引体向上杠的地方都可以进行。与正握引体向上相比，反握引体向上的手部放置更强调肘关节屈肌群（肱二头肌和肱肌）。由于本动作同时关注背阔肌和肘部屈肌群，所以它对游泳者在所有的四种泳姿中拉动阶段的力量增强都是非常有益的。由于反握引体向上对于大部分游泳者都是一项富有挑战性的练习，它对于增强意志力非常有用。为了帮助你达到目标的动作重复次数，你可以让同伴辅助你支撑脚部。

确定你的身体动作在整个练习中都是缓慢而有控制性的。额外的腿部抖动或摆动都是作弊的形式。

安全提示 当回到起始位置时，有控制性地降低你的身体，如果你让身体非常快速的下降，就会在肩部产生额外的压力。另外，避免长时间地悬挂于起始位置上，因为这样做也会增加肩部的额外压力。

正握引体向上

小菱形肌

大菱形肌

斜方肌下部

肱二头肌

肱肌

大圆肌

背阔肌

执行要点 》

1 手掌朝向外侧抓住杠，手的距离略比肩宽。控制膝关节在弯曲的位置，一只脚叠于另一只脚之上。

2 从悬吊的位置向上拉动身体，注意将胸部带向杠。

3 在动作的顶端暂停，然后缓慢地回到悬吊的位置。

使用肌肉 》

主要： 背阔肌。

次要： 斜方肌下部、大菱形肌、小菱形肌、胸大肌、肱二头肌和肱肌。

安全提示

　　当回到起始位置时，有控制性地降低你的身体，如果你让身体非常快速的下降，就会在肩部产生额外的压力。另外，避免长时间地悬挂于起始位置上，因为这样做也会增加肩部的额外压力。

🏊 游泳聚焦 》

　　同反握俯卧撑一样，正握俯卧撑也很容易加入陆上训练计划，因为它几乎可以在任何地方进行。手部的位置与反握俯卧撑相反（手掌朝向外侧而不是朝向身体），这就减少了对于肘关节屈肌群的作用，但是与在四种复杂的泳姿中使用的手部的姿势更相近了。本练习通过手臂在一个超过头顶并拉长的位置上来增强背阔肌的力量，因此它对于游泳中拉动阶段的起始部分有好处。本练习的动作难度也能够帮助增强意志力。为了帮助你达到目标重复次数，可以让一个同伴辅助你，支撑你的脚。

　　在本练习动作的开始阶段身体的抖动和腿部的晃动是不被鼓励的，因为它属于一种作弊的形式。

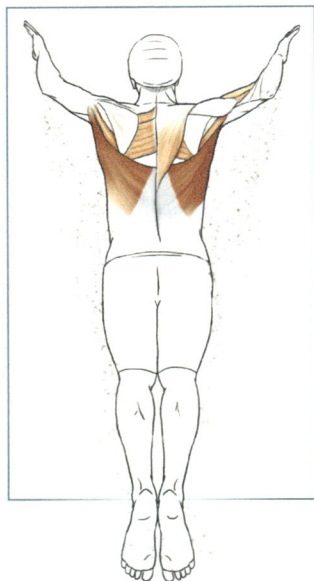

动作变化 》

宽握引体向上

两手之间的宽距离使得本练习更加适用于在蛙泳和蝶泳中需要增强拉动阶段中段力量的游泳者。

背阔肌下拉

小菱形肌
大菱形肌
斜方肌下部
大圆肌
背阔
肱二头肌
肱肌

执行要点 ≫

1 坐在器械上，手朝下抓住握柄。将手放置于杠上，比你的肩宽约 6~8 英寸（15~20 厘米）。

2 将杠向下拉向你的上胸部，保持背部轻度呈弓形。

3 注意夹紧你的背阔肌，同时肩带也一起加紧。

4 缓慢地回到起始位置。

使用肌肉 ≫

主要：背阔肌。

次要：斜方肌下部、大菱形肌、小菱形肌、胸大肌、肱二头肌和肱肌。

🏊 游泳聚焦 »

背阔肌下拉是一个很全面的练习，它针对背阔肌，并对所有四种复杂的泳姿中的拉动阶段有帮助。虽然与引体向上的身体动作相似，但是背阔肌下拉的好处在于它的阻力是不断变化的，并不依靠于自身重量。当进行本练习时注意保持肘关节高位，来尽量地模拟拉动阶段中的抓水姿势。虽然在向下拉向胸部时轻微地拱起背部是可以的，但是仍然应避免向后靠的动作来使用你的身体重量而不是背阔肌来向下拉动配重片。

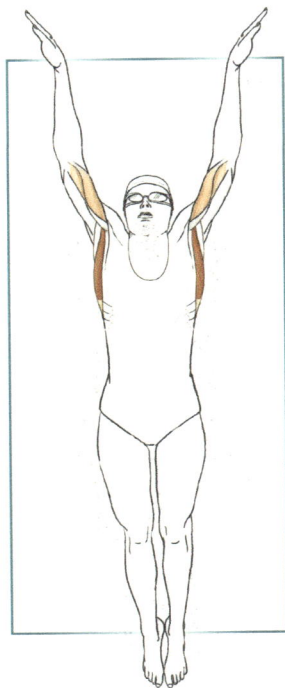

安全提示 如插图所示进行本练习。按照传统的动作进行背阔肌下拉时，杠被带到头后部脖子的根部时，会对肩关节产生额外的压力。

动作变化 »

单臂背阔肌下拉

将练习分为单臂进行时，允许你加入躯干旋转的动作，以便更好地模拟游泳中所使用的动作。分成单臂进行也可以额外强调肩胛骨的收缩。

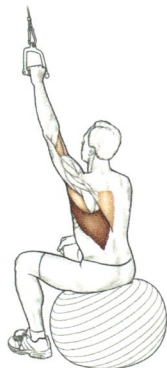

站立位直臂下拉

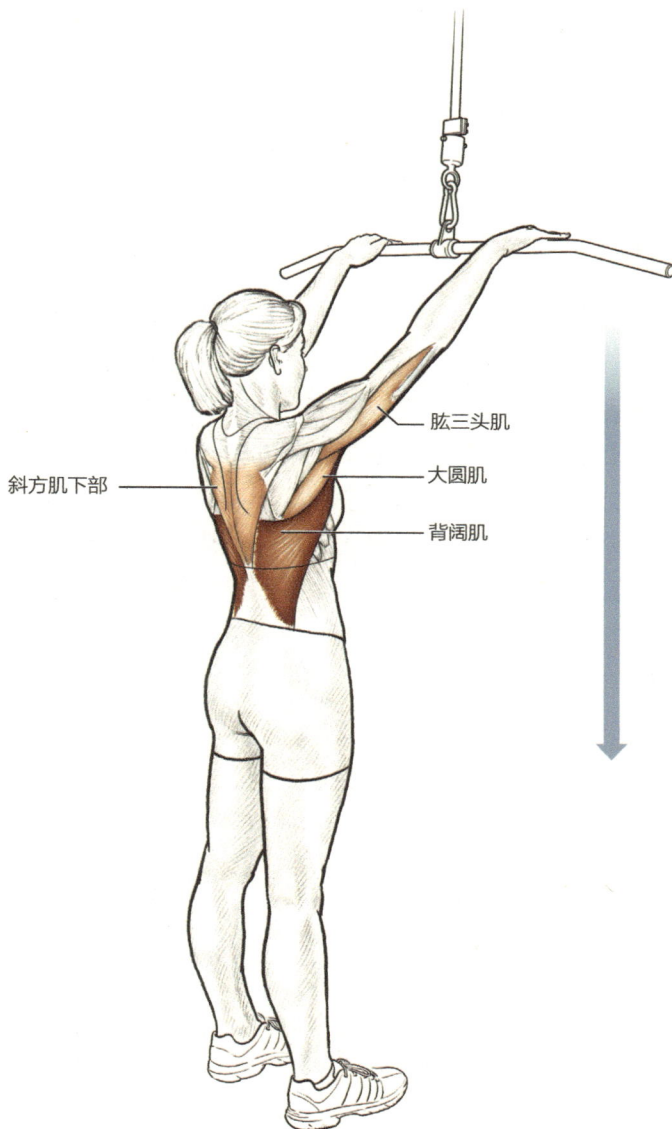

肱三头肌

斜方肌下部

大圆肌

背阔肌

执行要点 »

1 面朝滑轮机器站立，手朝下抓握住握柄，双手距离略比肩宽。

2 保持肘关节 30 度屈曲位，将握柄向下拉直到大腿处，成一个弓形的姿势。

3 将握柄拉到离大腿处约 1 英寸（约 2.5 厘米），然后缓慢地回到起始位置。

使用肌肉 >>

主要： 背阔肌和胸大肌。

次要： 斜方肌下部、大圆肌和肱三头肌。

🏊 游泳聚焦 >>

　　与背阔肌下拉一样，由于站立位直臂下拉在练习的开始姿势时是手伸长超过头顶的，所以针对的是背阔肌的练习，对于游泳者非常有帮助。站立位直臂下拉的另外一个好处是，它使手臂在一个更大的活动范围内进行运动，超过了正握位及反握位引体向上以及背阔肌下拉。并且本练习能够帮助增强在整个拉动动作中的肌肉的力量，所以对于游泳运动特别有好处。

　　在整个训练过程中保持肘关节处于屈曲位以及在整个动作中保持肘关节的高位，是针对背阔肌练习的一个关键点。如果肘关节的位置在训练中出现了变化，就将整个练习的目标从臂部转移到肱三头肌。控制住躯干同样非常重要。躯干的摆动或下沉是一种作弊的形式。

双臂坐位机器划船

小菱形肌

大菱形肌

三角肌后束

肱二头肌

斜方肌

大圆肌

背阔肌

执行要点 »

1 坐于长椅的一端面朝向滑轮机器。抓住滑轮的手柄以使你的手掌相对。

2 保持背部垂直于地面，将手柄拉向你的下胸部。

3 夹紧肩带，在结束位时暂停。

4 缓慢地下降配重片回到起始位置。

使用肌肉 ≫

主要：背阔肌。

次要：斜方肌、大菱形肌、小菱形肌、大圆肌、三角肌后束和肱二头肌。

🏊 游泳聚焦 ≫

　　本练习锻炼背阔肌的力量。它对蛙泳运动员想要增加拉动阶段后半程，即两手已经一起带到身体中线时的肌肉力量非常有帮助。对于次要锻炼肌肉，特别是肩胛骨的收缩肌肉，本练习能够增强蛙泳的拉动阶段最后部分，以及在蝶泳的恢复阶段产生的肩胛骨收缩力。增强肩胛骨稳定肌肉的力量也能够稳定肩胛骨，同时对于整个肩带产生强壮的支撑。

　　在练习中改变使用的重量可以将训练重点转变为不同的肌肉。较轻的重量，允许肩胛骨收缩的角度更大，因此更加注重于大菱形肌、小菱形肌和斜方肌的锻炼。相反地，增加重量会对背阔肌有更高的要求，但同时，会削弱对于肩胛收缩的程度。为了将肩带和上臂肌肉分离独立训练，避免在进行本练习时背部向后靠。

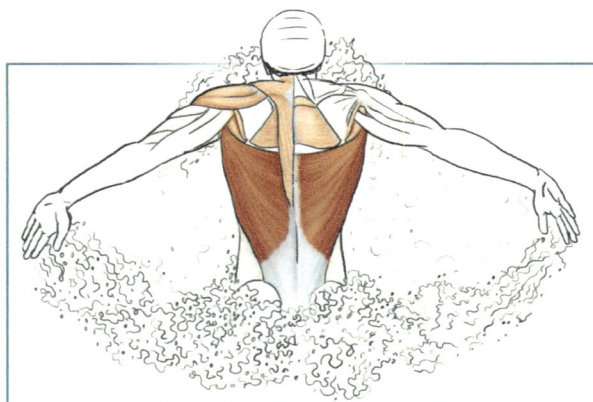

弯腰单臂划船

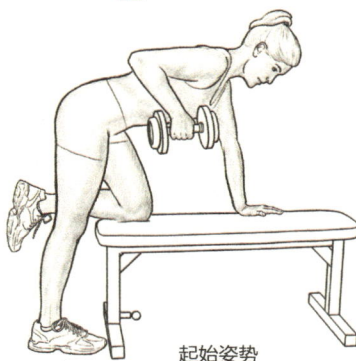

斜方肌
三角肌后束
大菱形肌
大圆肌
背阔肌

起始姿势

执行要点 »

1 单手握住一个哑铃，用另一只自由的手以及膝盖支撑你的上半身。

2 保持脊柱的竖直，将哑铃向上拉向躯干。

3 尽量高地抬起肘关节，夹紧肩胛骨向后。

4 缓慢地放下配重片到起始位置。

使用肌肉 》

主要: 背阔肌。

次要: 斜方肌、大菱形肌、小菱形肌、大圆肌、三角肌后束、肱二头肌和肱肌。

🏊 游泳聚焦 》

同坐位划船一样,本练习对于蛙泳中想要增强后半程拉动力量的游泳者非常有用。这也是一个非常好的全面训练。这项训练可用来增强背阔肌的力量,任何一个游泳者都可以进行。

当使用一个较轻的配重片进行本练习时,更多的是针对肩胛骨的收缩肌肉。而使用较重的配重片就将重心转移到背阔肌。这整个练习中头部的位置非常重要。与游泳动作中一样,向上看时髋关节会下沉,下腰部会弯曲,而向下看向脚面时会将肩关节转向前。为了保证正确的姿势,注意力放在地面上的与你支撑上半身的手在同一条直线上的一点。为了帮助你保护下腰部,在进行本练习时固定核心肌肉。这样做同样可以预防上半身的过度旋转,那也是一种作弊的形式。

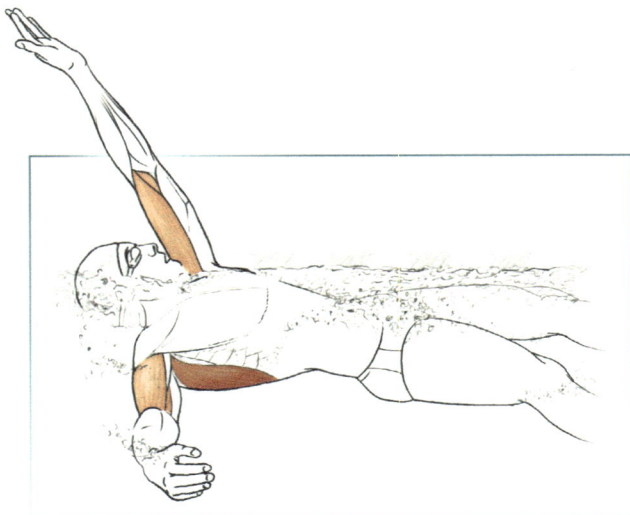

站立位下劈

肱肌

斜方肌

三角肌后束

大圆肌

背阔肌

腹外斜肌

起始姿势

执行要点 »

1 站立于滑轮的一侧，开始于双手向上指向滑轮的位置，但是一只手抓住马镫型手柄。

2 保持一只手静止，另一只手将手柄拉向你的上胸部，同时旋转胸部向后。

3 在结束的位置时，强调夹紧肩带向后。

4 回到起始位置。

使用肌肉 》

主要： 背阔肌。

次要： 斜方肌、大菱形肌、小菱形肌、大圆肌、三角肌后束、肱二头肌、肱肌、腹外斜肌和腹内斜肌。

游泳聚焦 》

本练习将肩带和上臂的动作与躯干紧密连接起来，这个过程能够同时激活背阔肌、腹外斜肌和腹内斜肌。这就能增强在自由泳和仰泳中手臂和腿的连接力量。

为了强调核心躯干肌肉与背阔肌之间的连接，注意要像在CHAPTER5介绍中所描述的那样固定核心肌肉。当进行本练习时，注意保持肘关节在整个活动范围内的的高位。

腰部伸展

竖脊肌

臀大肌

股二头肌

半腱肌

执行要点 »

1 脸朝下趴在器械上，将长枕放在髋部下方，同时固定踝关节。

2 从悬空的位置开始，举起躯干直到腿和上半身处于一条直线。

3 缓慢地下降上半身到悬空的位置。

使用肌肉 »

主要： 竖脊肌。

次要： 臀大肌、股二头肌、半腱肌和半膜肌。

🏊 游泳聚焦 »

　　本练习所针对的主要和次要肌肉对于在四种复杂的泳姿中遇到的许多问题都有帮助。蝶泳和蛙泳的游泳者通过增强他们在水中所必须的起伏动作或者波浪状身体动作的肌肉力量来受益。该练习同样帮助增强水下海豚踢的动作力量。同时此练习还可以对游泳者在伸展为流线型姿势时离开跳台提供帮助，或者是在仰泳中帮助游泳者离开墙进入水中。

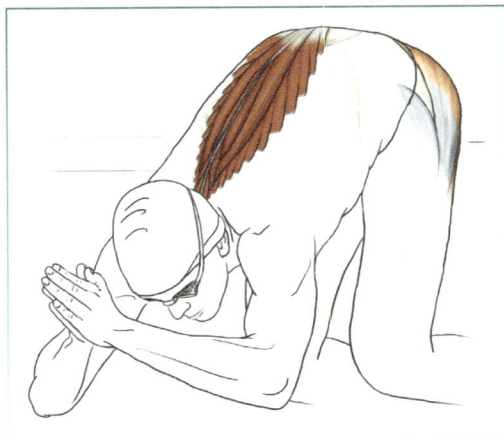

安全提示　　轻度的过伸，与在蝶泳和蛙泳的恢复阶段中相同的量是可以被接受的，但是不鼓励超过这样的度，以减小损伤的风险。

动作变化 »

腰部伸展加旋转

　　在结束的姿势时可以加入旋转的要素，来模拟自由泳和仰泳中躯干经历的长轴的旋转。注意避免加入旋转要素过程中背部的过伸。

理疗球背部伸展

竖脊肌

臀大肌

股二头肌

半腱肌

执行要点 »

1 开始动作，将理疗球放于臀部下方，脸朝下。通过你的手放于地面上来稳定上半身，你的腿需要保持竖直，只有脚趾能够触碰地面。

2 举起脚后跟，肩膀向上，注意不要伸直你的脖子。

3 在动作的顶端暂停，只使用手指尖来保持平衡。

4 缓慢回到起始位置。

使用肌肉 »

主要： 竖脊肌。

次要： 臀大肌、股二头肌、半腱肌和半膜肌。

🏊 **游泳聚焦** ➤

　　本练习中所使用的动作非常形象地模拟了在蝶泳、蛙泳和水下海豚踢中的身体的起伏及波浪状动作。尽管此练习所使用的肌肉与腰部伸展练习相同，但它们的活动范围更加的局限，降低了它对出发动作的帮助。在进行本练习时保持颈椎和头与其余的脊柱成一条直线，对于保证腰椎和胸椎保持在正确的位置非常重要。

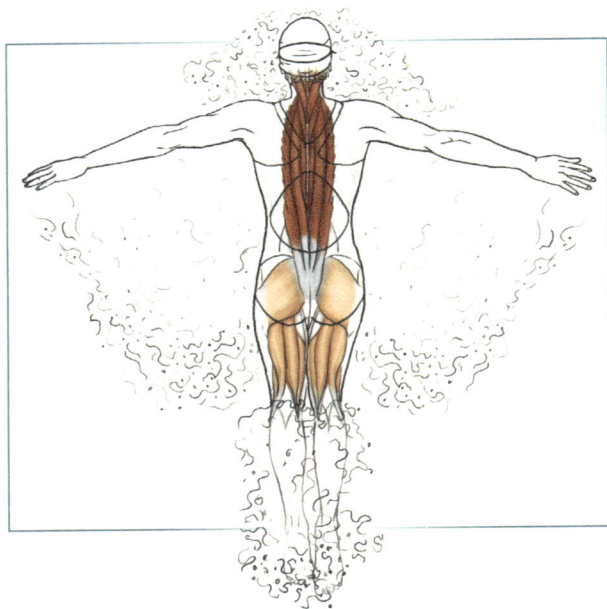

安全提示　　与蝶泳和蛙泳的恢复阶段相等量的轻度过伸是被允许的，但是不鼓励超过这个量的过伸，以减小损伤的风险。

理疗球俯卧超人式前进

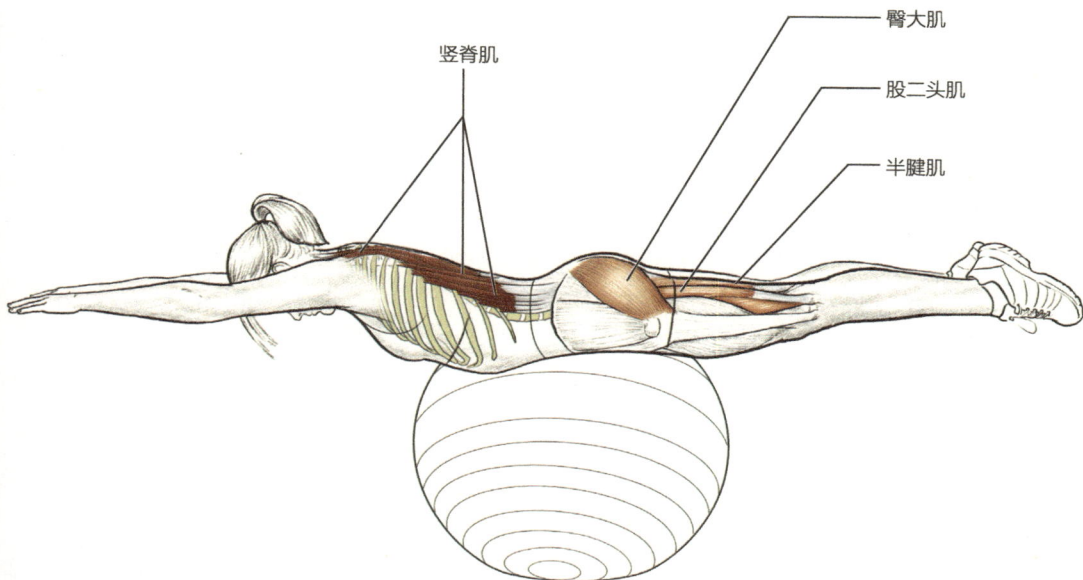

竖脊肌

臀大肌

股二头肌

半腱肌

执行要点 »

1 开始于脸朝下，理疗球位于臀部下方的姿势。

2 举起脚后跟，肩膀向上，注意不要伸直脖子。

3 抬起一只手臂呈流线型姿势，用另一只做平衡。

4 移动另一只手臂到流线型姿势。

5 保持身体这个姿势不动，坚持 2~4 秒。

6 反转动作。

使用肌肉 »

主要： 竖脊肌。

次要： 臀大肌、股二头肌、半腱肌和半膜肌。

🏊 **游泳聚焦** 》

　　虽然本练习看起来很简单，但是在进行时却是一个很大的挑战。因为本练习不一定需要很强的力量，但是需要在理疗球上保持流线型姿势时具有的动态的平衡反应能力。首先在前面所描述的理疗球背部伸展练习中达到舒适，能够帮助促进平衡感。在转为全部的流线型姿势之前，先从一只手处于流线型姿势，而另一只手保持平衡来过渡。你会发现通过先将注意力放在腿的位置上，然后缓慢地将手移动到位，这样练习会变得更容易，而不是迅速地到达所有的位置。将理疗球稍微放掉一些气也会使本练习变得更容易。

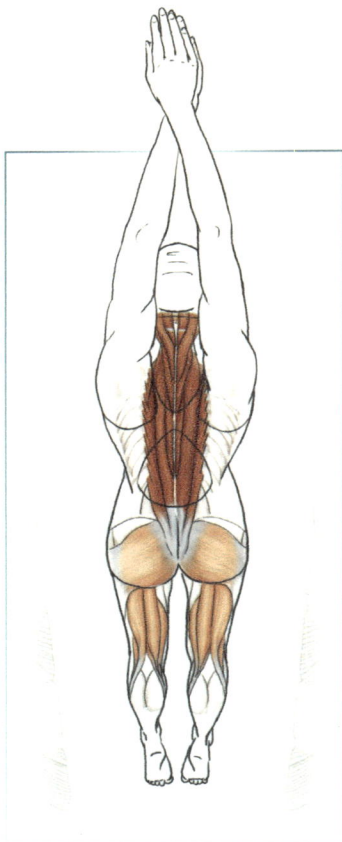

理疗球俯卧流线型姿势

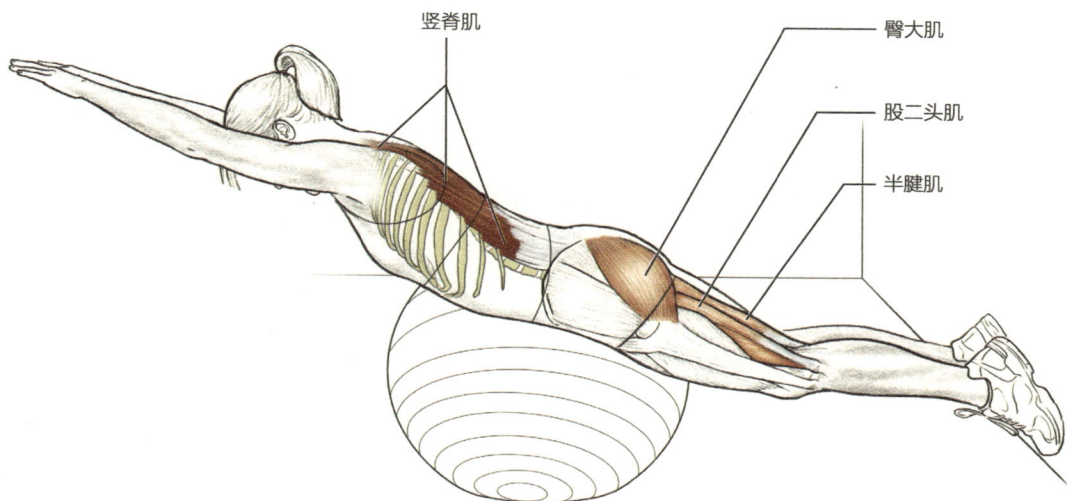

竖脊肌

臀大肌

股二头肌

半腱肌

执行要点 »

1 开始动作时，将理疗球放于腹部下方。脚支撑抵在墙上。

2 用腿推动，随着球转动身体，直到从脚后跟到头顶处于一条直线上。

3 当你向前伸展身体时，将手臂放置于流线型姿势上。

4 缓慢地回到起始位置。

使用肌肉 »

主要： 竖脊肌。

次要： 臀大肌、股二头肌、半腱肌和半膜肌。

🏊 **游泳聚焦** »

本练习的目的是在保持流线型姿势时获得更强的力量及自信。本练习的一个好处是它在陆上进行，不像在水中，游泳者可以直接得到保持流线型姿势动作的反馈。

最好开始于一个中间位置，就是手臂在体侧，而不是像流线型姿势那样在头顶。由中间姿势到高阶姿势时，可以由每次伸出一只手来进行过渡。本练习的动作难度可以通过改变理疗球的位置来调整，将理疗球放置得更接近脚，可以增加练习的难度，而如果将它放到更接近头则使练习更容易。

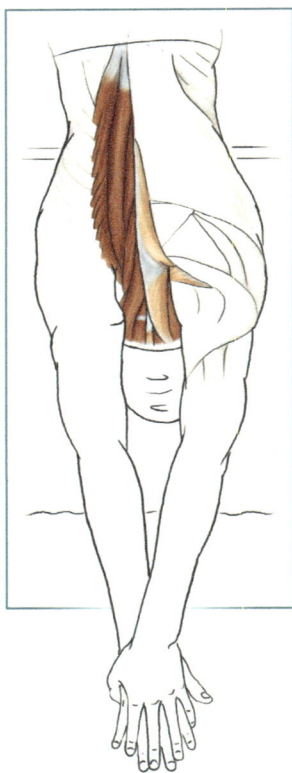

理疗球桥

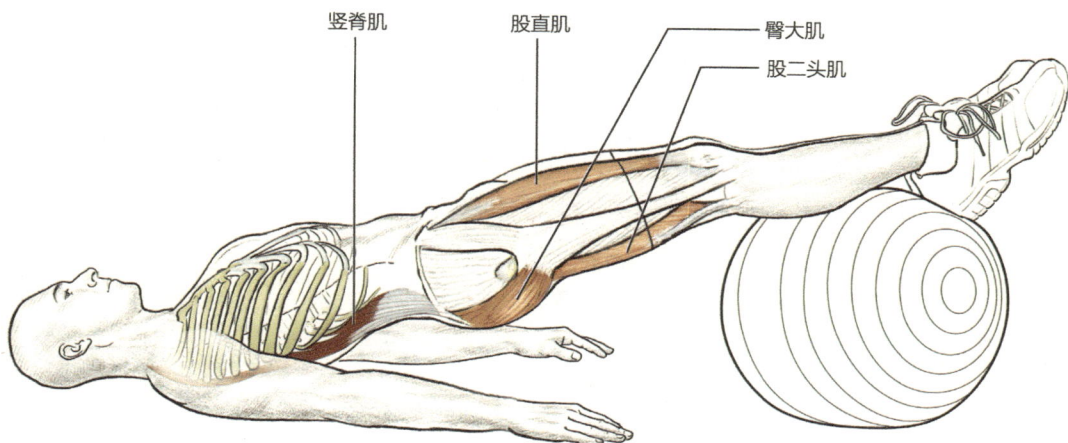

竖脊肌　　股直肌　　　臀大肌
　　　　　　　　　　股二头肌

执行要点 »

1 背朝下躺着，将理疗球放于小腿下方。

2 收紧核心肌肉，举起臀部朝向天花板。

3 将身体保持一条直线，从踝关节直到肩膀。

4 缓慢地回到起始位置。

使用肌肉 »

主要：竖脊肌。

次要：臀大肌、股直肌、股二头肌、半腱肌和半膜肌。

🏊 游泳聚焦 »

　　本练习很好地尝试了将臀部肌肉、腘绳肌肉同核心肌肉一起激活。虽然在进行本练习时你的面部是朝上的，但是加强的肌肉能够帮助在蝶泳、蛙泳和海豚踢中增强身体的起伏动作。

　　在将你的臀部抬起离开地面之前，应像在CHAPTER5中所描述的那样固定你的核心肌肉。这样做可以将本练习针对的主要和次要肌肉群分离出来，同时预防下背部的损伤。通过改变脚在球上的位置可以来调整本练习的难度。你与球接触的范围越小，练习的难度就会越大。练习的最高难度发生于只有你的脚后跟与球顶部进行接触时。本练习也可以作为CHAPTER7中所描述的理疗球腘绳肌卷曲的基础动作。

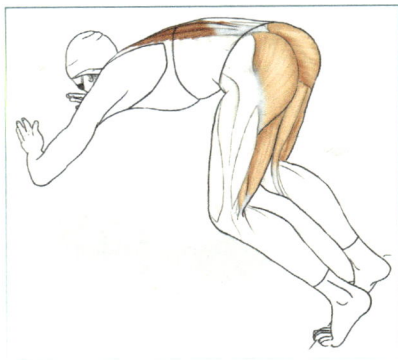

安全提示　　确保肩关节始终与地面相接触。在进行本练习时你不应该感到头或者脖子有压力。

动作变化 》

单腿理疗球桥

当你在进行常规的桥练习时能够很好地控制髋关节之后，再进行本练习的高级版本。终极目标是在桥的姿势控制臀部，举起一条腿持续5秒，然后把腿放到球上，再举起另一条腿持续5秒，然后继续这个交替动作，持续至60秒。

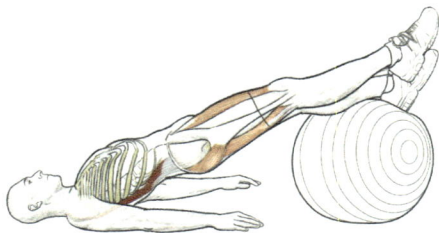

7 腿部

CHAPTER

强壮的下肢是实现一个游泳者所有潜力的重要组成部分。它们不仅是你有效且有力的踢腿动作的基础，同时它们也是身体出发离岸，以及转身踢墙动作的关键。同时它们也作为你身体游泳动力平衡中的动力链的一环，并且对维持严格的流线型姿势，都有不可忽视的作用。

下肢主要由三个关节组成——髋关节、膝关节和踝关节。三个关节共由五块骨头组成。骨盆连接腿和躯干。两侧大腿各有一根单独的长骨叫作股骨。小腿包含有胫骨和腓骨。踝骨是连接踝关节和下肢的连接点。髋关节由骨盆的骨性孔穴（称为髋臼）以及球形的股骨头组成。膝关节是股骨和胫骨的连接处。踝关节由胫腓骨下端和距骨上部组成。

作为一个球窝关节，髋关节可以在很大的范围内活动，这些活动可以被分为三组。屈曲包括提高大腿朝向天花板，就像你也爬楼梯时腿举高的动作。伸直是大腿向后收回的动作。外展是将腿由身体中线朝向身体外侧移动，而内收是将腿从外向身体中线收回的动作。内旋是沿着身体中线，每只脚的两个大脚趾相碰的过程，而外旋与内旋相反，可以让你两侧脚后跟后面相碰。

膝关节是铰链关节，只有两个主要的动作。屈是将脚后跟朝向屁股的动作，而伸是将膝关节从屈曲的位置伸直。踝关节有四个动作发生。你伸直脚尖的过程就像你在保持身体严格流线型姿势时所做的动作，这个动作叫作跖曲；而将你的大拇指向上抬起远离地面，朝向小腿过程叫作背伸。翻转你的踝关节向内，使你的足底面向身体中线的动作是内翻。外翻是扭转你的脚向外，使你可以开始蛙泳的腿部动作。

腿部的肌肉可以被分为作用于髋关节、作用于膝关节和作用于踝关节。大腿和髋部肌肉可以进一步分为如下几组：前、中、臀部和后组。前组中共有七块肌肉。髂腰肌（图7.1），是一个深部肌肉，起自腰椎的前部分，以及骨盆的内侧部分，然后跨越髋关节，连接于股骨近端，髂腰肌产生的主要动作是屈髋。股四头肌，身体最大的肌肉群，可以被分为四个独立的肌肉，依据它们的起始点命名。股直肌是唯一跨越髋关节和膝关节的肌肉，起自于骨盆的前部分。股外侧肌起自

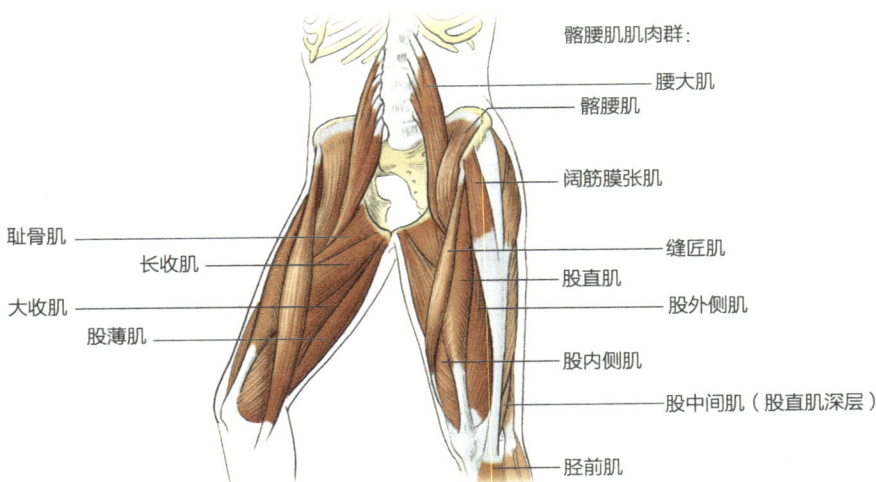

髂腰肌肌肉群：

腰大肌

髂腰肌

阔筋膜张肌

耻骨肌

长收肌

缝匠肌

股直肌

大收肌

股外侧肌

股薄肌

股内侧肌

股中间肌（股直肌深层）

胫前肌

图7.1 ▶ 腿部前方的肌肉群

于股骨的外侧，股内侧肌起自于股骨的内侧，而骨中间肌在他们中间。所有的四个肌肉都有一个共同的止点，穿过髌腱止于胫骨前缘，功能是伸直膝关节。由于股直肌穿过髋关节，它的功能还有屈髋。阔筋膜张肌起自于骨盆的前端，同髂胫束相结合，后者是一条厚的纤维组织带，行走于大腿外侧，然后止于膝关节下方的胫骨外侧。阔筋膜张肌的主要动作是屈髋、外展和内旋。前组的最后一个肌肉是缝匠肌，是一条长的条带状肌肉，从骨盆前方沿对角线行走于胫骨内侧，它的主要动作是屈曲，外展和外旋髋关节。

中间群肌肉可以被分为内收肌肉家族和两个相互紧挨着的其他肌肉。收肌家族有三个肌肉组成（大收肌、长收肌和短收肌），它们都起自于靠近身体中线的骨盆下缘，依附于股骨的内侧部。同它们的名字所描述的，这个肌肉家族的主要功能是内收髋关节。顾名思义，这个肌肉群的主要功能是控制髋关节内收。在内收肌之上的是耻骨肌，位于盆骨下口靠近人体中轴线的位置，并向上插入股骨中部。除了辅助内收肌之外，耻骨肌也作用于髋关节的弯曲。股薄肌处于最中央，最靠下的位置。它与其他肌肉组织构成相同，但是环绕着膝盖，与膝关节以下的胫骨中部相连。除了辅助髋关节内收，股薄肌还是控制膝关节的第二大屈肌。

臀肌组包括三个臀部肌肉和一群六个深部旋转肌肉。臀大肌（图7.2）是最大

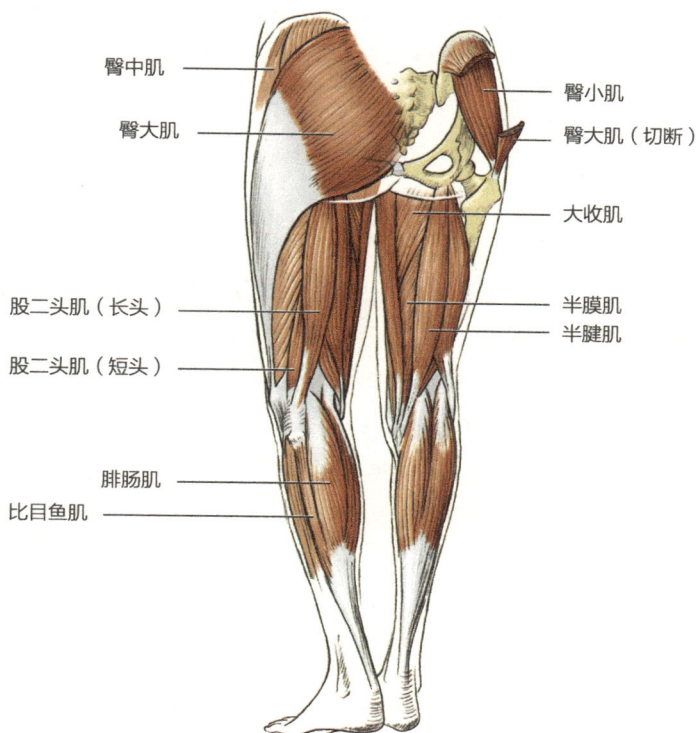

图7.2 ▶ 腿部后方的肌肉群

臀中肌

臀大肌

股二头肌（长头）

股二头肌（短头）

腓肠肌

比目鱼肌

臀小肌

臀大肌（切断）

大收肌

半膜肌
半腱肌

的且最表面的臀部肌肉，起自于骨盆的下半部分和一部分连接的髂骨。它跨越髋关节，与髂胫束结合，一样止于股骨的一小部分。臀大肌的主要功能是伸直髋关节。它也由该区域的其他肌肉辅助，一起外旋髋关节。臀中肌和臀小肌都位于臀大肌的深层，起自于骨盆的外侧部分。这两个肌肉跨过髋关节，止于股骨的骨突起部分，叫作大转子的地方。所有这些肌肉的功能都是内收及内旋髋关节。深层的旋转肌肉包括一组共六个小肌肉（梨状肌、上孖肌、下孖肌、闭孔内肌、闭孔外肌和股方肌）。它们一起结合控制髋关节外旋，并且像肩关节的肩袖一样，稳定髋关节。

后组肌肉有三个腘绳肌组成。股二头肌，如它名字所述，它有两个头，一个头起自于骨盆的一个叫作坐骨结节的地方，另外一个起自于股骨的下后方。这两个头结合形成一条肌腱，插入到腓骨头。另外两个腘绳肌肉，半腱机和半膜肌，同样起自于坐骨结节，但是行走的方向是在膝关节的内侧部分，止于腓骨上部的前内侧。这三个肌肉一起协作，伸直髋关节，屈曲膝关节。

小腿的肌肉可以根据它们对踝关节的作用分组。腓肠肌和比目鱼肌的主要作用是背伸踝关节，并且共同组成深入跟腱。胫骨前后肌，根据他们在胫骨上的止点位置命名，作用是翻转足部。腓骨肌肉群（第三腓骨肌、腓骨短肌、腓骨长肌）位于踝关节的外侧，起自于腓骨，主要作用是外翻足。

为了讨论的方便，我们将自由泳中的肌肉动员的方式和仰泳摆动踢腿中的方式一起描述，因为它们两个方式是完全相同的。摆动踢腿的推动阶段开始于躯干，和核心稳定肌肉结构一起构成腿部产生力量的结构基础，真正的踢腿动作开始于髋关节极小的伸直。从这个伸直位开始，髂腰肌和股直肌作用，使髋关节屈曲。它们同时作用到膝关节，股直肌使膝关节伸直，并且快速地由剩余的股四头肌肉群加入，帮助增强踢腿的过程中产生的力量。在踝关节处，胫骨前肌和胫骨后肌同时作用，保持足是轻度的内翻位，而腓肠肌和比目鱼肌的收缩则使足背伸。在恢复阶段的伸髋动作是由腘绳肌和臀大肌来驱动的。与摆动踢腿不同，在蝶泳和海豚踢中，躯干肌肉的作用不仅是为踢腿建立结构基础而且参与其组成。身体的起伏动作由躯干带动踢腿，紧接着双腿同时产生与摆动踢腿相同的动作。有一点不同的是，双腿的同时动作在髋关节和膝关节的弯曲和伸直程度都更大。躯干的起伏动作由腹部肌肉及肌竖脊肌的收缩来完成，但是驱动腿部动作的肌肉是与在摆动踢腿中相同的。

蛙泳的推动阶段的开始点是脚分开8~10英寸（20~25厘米），同时膝关节和髋关节屈曲。从这个位置开始，阔筋膜张肌、臀中肌和臀小肌内旋并外展髋关节，这导致两腿进一步分开。在踝关节要分开的时候，股二头肌收缩，拉动小腿的外侧，导致小腿的外旋以及踝关节的进一步分开，同时腓骨肌肉群收缩，外翻足。这些动作联合起来，将腿置于踢腿动作的位置。从这个位置开始臀大肌强烈收缩伸髋，股四头肌群伸直膝关节，而内收强力的肌肉（大收肌、长收肌、短收肌，耻骨肌和股薄肌），将两条腿同时向后拉，朝向身体中线。在踝关节处，胫后肌、腓肠肌和比目鱼肌一起收缩，在游泳的滑行部分，将踝关节位于流线型姿态的背伸位。恢复阶段是由股直肌和髂腰肌收缩屈髋关节，腘绳肌收缩屈膝关节一同来完成。

背举下蹲

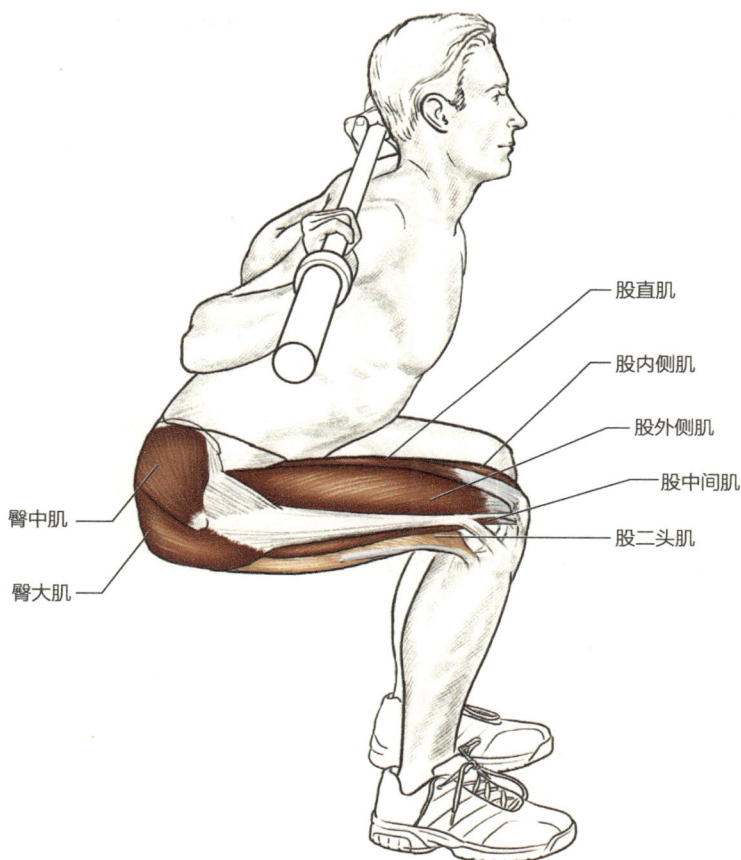

股直肌

股内侧肌

股外侧肌

股中间肌

股二头肌

臀中肌

臀大肌

执行要点 »

1 将杠铃放置于上背部，两脚与肩同宽。

2 从臀部开始动作，下蹲直到大腿与地面平行。

3 通过伸直双腿回到起始位置。

使用肌肉 »

主要： 股直肌、股内侧肌、股中间肌、股外侧肌、臀大肌和臀中肌。

次要： 竖脊肌、股二头肌、半腱肌、半膜肌、大收肌、长收肌、短收肌、耻骨肌、缝匠肌、股薄肌、腹横肌、腹外斜肌和腹内斜肌。

安全提示　错误的下蹲技术是导致在陆上训练及健身房练习中产生运动损伤的主要原因之一。在开始时确保使用较轻的重量，只有当你在进行上举动作时感觉舒适后，并且有一个资格已认证健身教练审查过你的技术动作之后，才可以增加重量。

游泳聚焦 >>

　　下蹲练习是一个非常好的全面的练习动作，因为它几乎使用了下肢的所有主要的肌肉群。无论在哪一种泳姿中，膝关节伸直力量的增加都可以促进踢腿动作的力量和耐力。臀部肌肉的加强，特别是臀大肌的作用，能够帮助增加在蛙泳的踢腿动作时臀部的伸直所产生的力量。由于下蹲动作与出发动作的相似，特别是在平地上出发时，因此下蹲动作可以作为游泳者增强出发动作的主要练习内容。

　　要格外注意下背部以及膝关节的损伤可能。为了保护下背部，初学者应该只使用杠铃杆，直到他们对本练习完全适应。强调像在CHAPTER5介绍中所描述的那样，夹紧核心肌肉能够帮助保护下背部。最常见的导致膝关节损伤的原因是膝关节朝前移动超过了脚趾水平，或者是当下蹲的时候膝关节朝内倾斜摔倒。

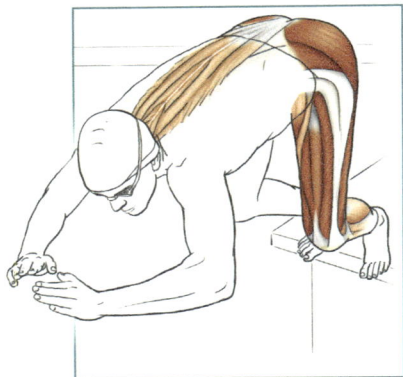

动作变化 >>

头顶下蹲

头顶下蹲动作的好处是它将注意力放在上身直立的姿势上，可以通过手臂在头顶的位置来增强肌肉的力量和自信。在此练习中使用的重量远比传统的下蹲训练要轻，所以开始练习时最好使用一个木棒代替杠铃。

单腿下蹲

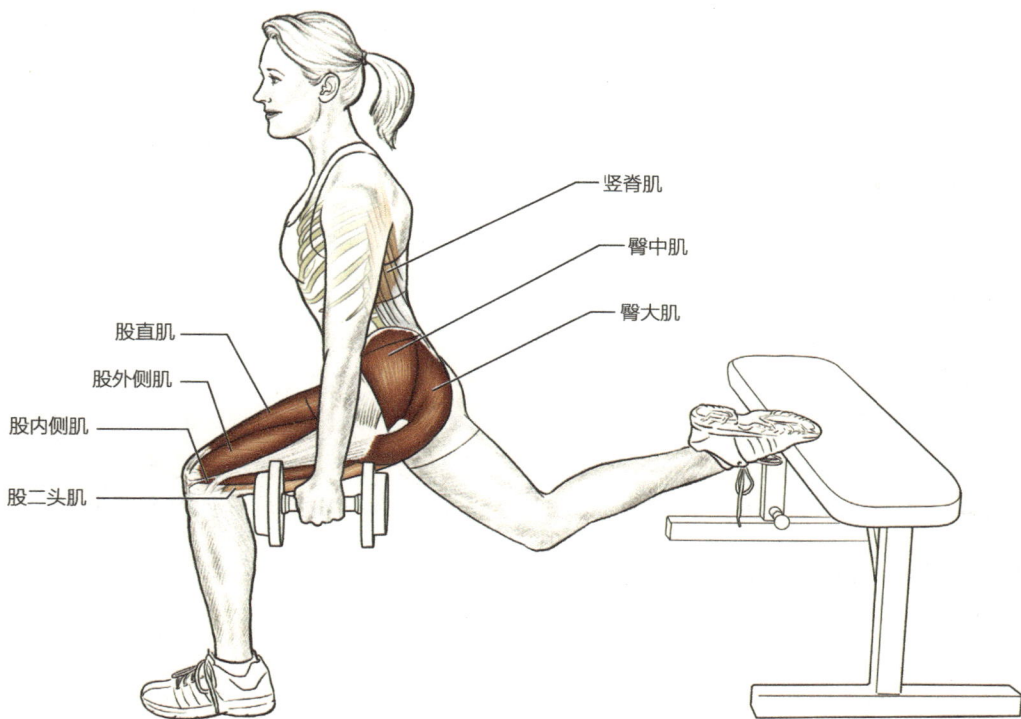

竖脊肌

臀中肌

臀大肌

股直肌

股外侧肌

股内侧肌

股二头肌

执行要点 »

1 两手各握一个哑铃，站在平椅前方约两英尺（约60厘米）处，将脚放置于与髋同宽。

2 一只脚收回，将脚趾放在椅上。

3 用髋关节启动动作，下降身体直到站立腿的大腿接近与地面平行。

4 通过伸直腿来回到起始位置。

使用肌肉 》

主要： 股直肌、股内侧肌、股中间肌、股外侧肌、臀大肌和臀中肌。

次要： 竖脊肌、股二头肌、半腱肌、半膜肌、大收肌、长收肌、短收肌、耻骨肌、缝匠肌、股薄肌、腹横肌、腹外斜肌和腹内斜肌。

🏊 游泳聚焦 》

同双腿下蹲一样，单腿下蹲主要针对的是下肢的全部肌肉群。单腿下蹲的好处是它每次只使用一条腿，能够帮助纠正两腿之间存在的肌肉不平横。针对下肢所有主要肌肉群的练习，能够促进踢腿动作的力量和耐力，以及增强出发和转身时的力量。

在练习中，你的后侧腿应该只作为平衡的目的来使用，当你的平衡感增强时，可以将长椅换成理疗球。当你向下呈下蹲姿势时，要额外的注意膝关节的位置。反复的膝关节向内下沉以及后面脚趾的向前滑脱，都是技术动作上的错误。如果你注意到了这些错误，调整使用的重量或者是重复的次数来减小练习的强度。

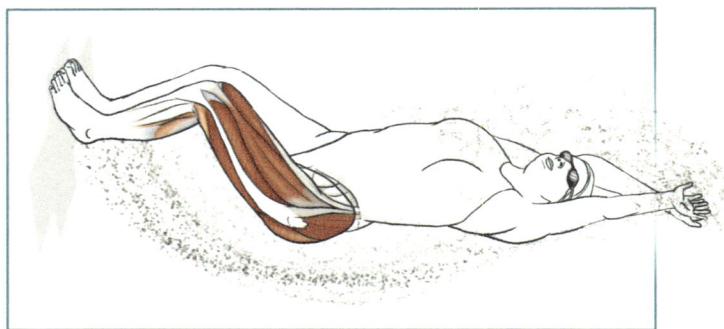

哑铃上台阶

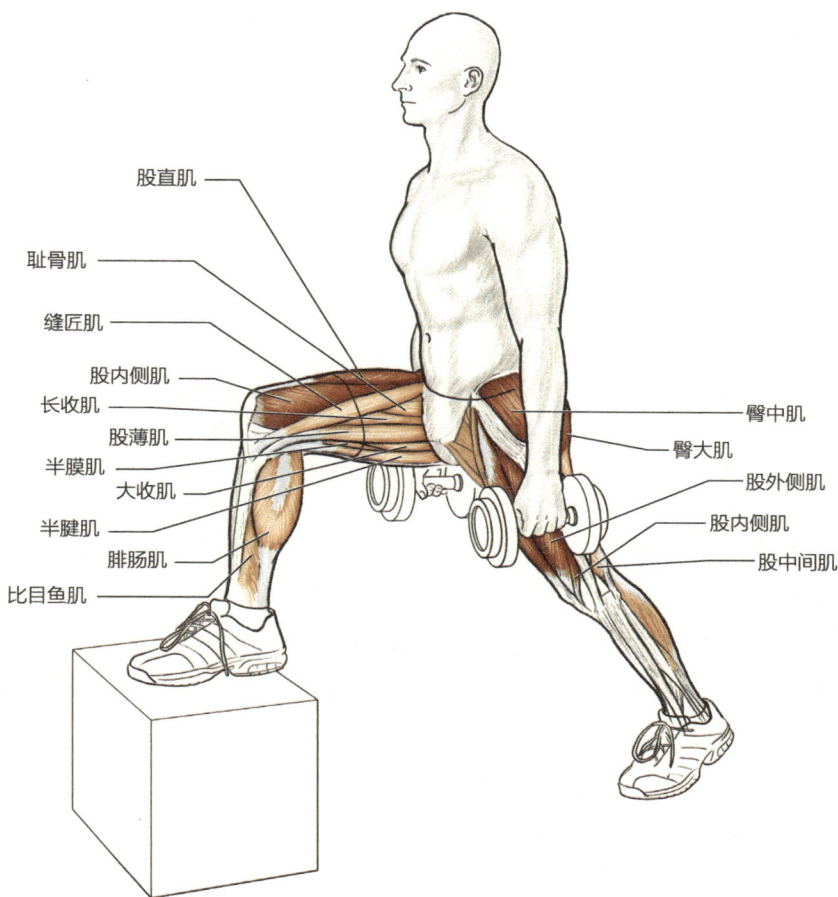

股直肌

耻骨肌

缝匠肌

股内侧肌

长收肌

股薄肌

半膜肌

大收肌

半腱肌

腓肠肌

比目鱼肌

臀中肌

臀大肌

股外侧肌

股内侧肌

股中间肌

执行要点 》

1 双手各持一个哑铃，面朝箱子站立。

2 每次一条腿站上箱子，通过这条腿开始下压，向上抬起身体，直到两条两只脚都在箱子上。

3 放下开始练习时的那条腿。

4 重复，使用另一条与开始动作相反的腿。

安全提示

　　为了保护下背部，你必须在整个练习中保持直立向上的姿势。一个常见的技术错误是上部躯干向前靠。

使用肌肉 >>

主要：股直肌、股内侧肌、股中间肌、股外侧肌、腰大肌、臀大肌和臀中肌。
次要：股二头肌、半腱肌、半膜肌、大收肌、长收肌、短收肌、耻骨肌、缝匠里、股薄肌、腓肠肌、比目鱼肌、腹横肌、腹外斜肌和腹内斜肌。

游泳聚焦 >>

　　哑铃上台阶是另外一个同时针对下肢所有主要肌肉群的很好的练习动作。所获得的力量可以帮助增强在出发时的力量和提高出发时的距离。由于它使用的是单腿独立的动作，所以特别对赛道出发以及转身有很大帮助。针对伸膝肌群的练习可以帮助增强踢腿时的力量及耐力。

　　为了使本练习的好处最大化，注意从箱子的顶端下来时使用缓慢有控制性的动作。本练习的难度可以通过调整箱子的高度来调节。

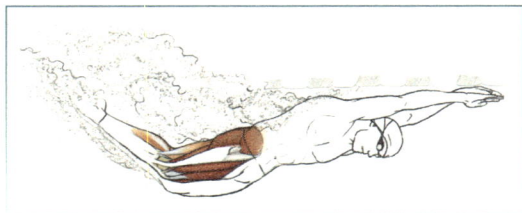

动作变化 >>

杠铃上台阶

随着力量的增强，再继续使用哑铃可能就不现实了。这时你就需要使用杠铃来替代。当使用杠铃时，将它放置于斜方肌上，就像你做杠铃下蹲一样，但是要注意与使用哑铃相比，配重片离身体重心更远。要做好平衡性发生改变的准备。

弓箭步

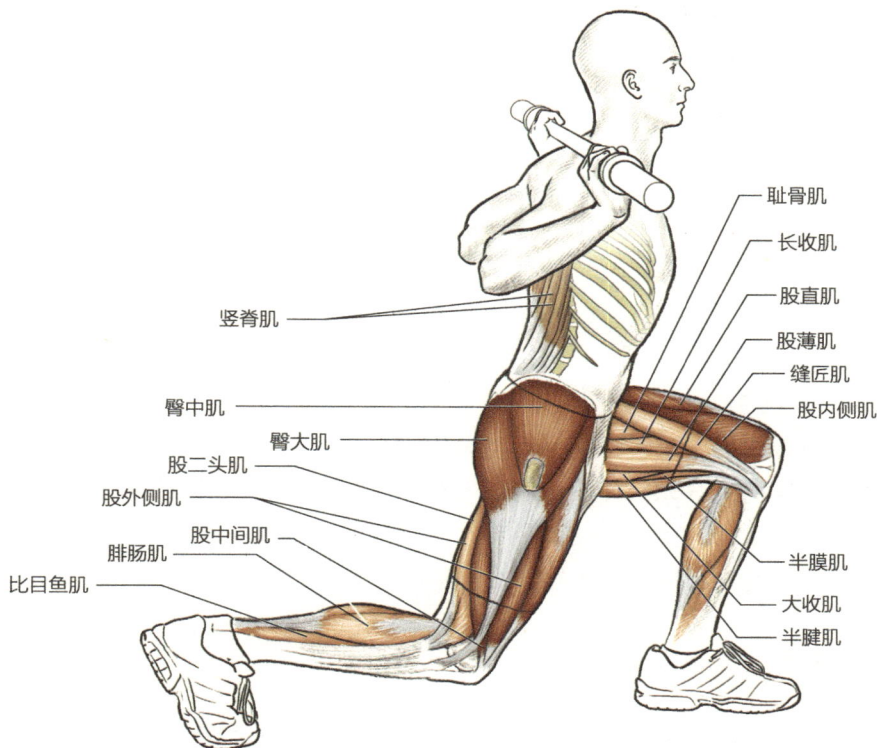

竖脊肌

臀中肌
臀大肌
股二头肌
股外侧肌
腓肠肌　股中间肌
比目鱼肌

耻骨肌
长收肌
股直肌
股薄肌
缝匠肌
股内侧肌

半膜肌
大收肌
半腱肌

执行要点 》

1 将哑铃绕过你的上背部放置，脚与肩同宽。

2 向前迈一步，弯曲前腿的膝关节直到大腿与地面平行，避免后腿膝关节来碰地面。

3 收回前脚，将身体拉回到起始位置。

使用肌肉 》

主要： 股直肌、股内侧肌、股中间肌、股外侧肌、臀大肌和臀中肌。

次要： 竖脊肌、股二头肌、半腱肌、半膜肌、大收肌、长收肌、短收肌、耻骨肌、缝匠肌、股薄肌、腓肠肌、比目鱼肌、腹横肌、腹外斜肌和腹内斜肌。

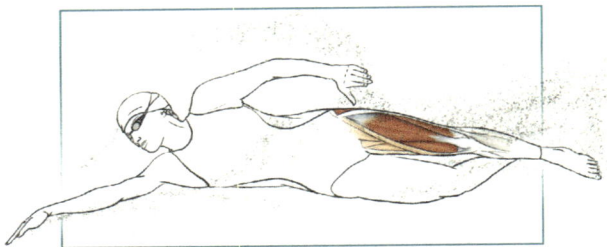

🏊 游泳聚焦 »

本练习针对下肢中所有的主要肌肉群，并且通过一个动态的方式来扩展了一些平衡性训练的部分。进行本练习能够非常好地促进踢腿动作，同时对于出发和转身非常有益处。

在练习中避免将躯干向前靠。开始姿势时，选择一个与眼睛的水平的物体，在整个弓箭步过程中始终将注意力放在这个物体上。通过使用这种技术你的头可以保持不动，进而你的躯干始终保持向上。特别要注意你的膝关节与脚的位置关系。在结束姿势时，你的小腿应该与地面相垂直。

动作变化 »

行走间弓箭步

进行这个变化动作时，使你的重心向前，而不是向后拉。将前腿伸出，然后将后腿带到前腿的位置，重建弓箭步姿势。

对角线和侧面弓箭步

对角线和侧面的动作增加了对内收肌群的作用，对于蛙泳者有额外的好处。为了将陆上训练计划整合，尝试将单纯的前向弓箭步换为由前向弓箭步紧跟着对角线弓箭步，然后是侧向弓箭步组成的一个重复的循环练习。

站立位髋内旋

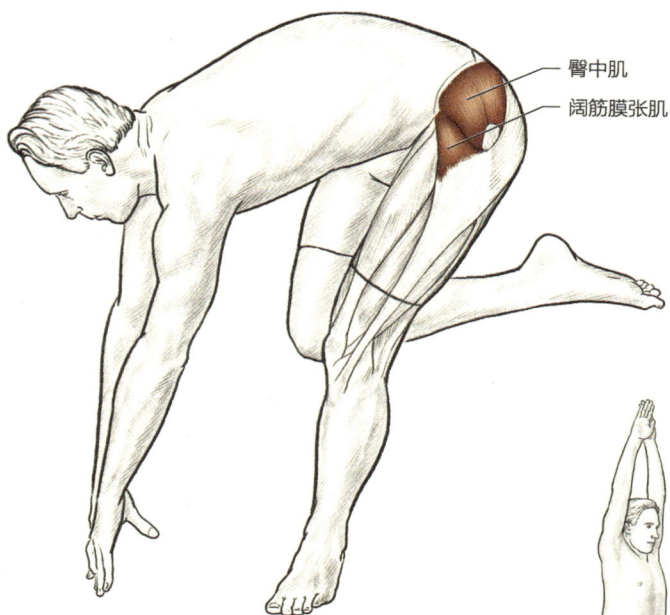

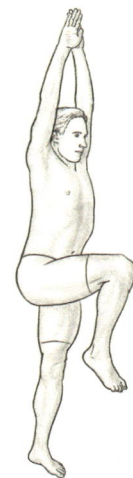

臀中肌

阔筋膜张肌

起始姿势

执行要点 »

1 单腿站立，将手臂和躯干够向负重脚的内侧。

2 使用负重脚作为旋转的支点。

3 将手臂和躯干朝向在同侧肩膀的上方稍后的位置的天花板上的一个点。

4 保持游离腿处于弯曲的姿势，然后逐渐地连同躯干一起旋转，将膝关节同手臂一起向上朝向天花板。

使用肌肉 »

主要： 阔筋膜张肌、臀中肌和臀小肌。
次要： 无。

🏊 游泳聚焦 »

　　本练习特别选对一组负责髋关节内旋的肌肉群，髋关节内旋主要见于蛙泳的恢复阶段中脚后跟朝向臀部的踢腿动作中。因此蛙泳的游泳者会从本练习中受益。但是其他泳姿的游泳者一样不可以忽视本练习，因为在所有的泳姿中都会有小范围的髋关节内旋动作。同肩关节的肩袖肌肉一样，这些肌肉对于帮助稳定髋关节起到了重要的保护性作用。本练习同时还可以教会游泳者保持平衡以及控制姿势，特别是对年轻的游泳者非常有用。

　　注意力要放在练习中的内旋动作上，因为这是针对内旋肌肉群的关键。通过你够向地面时加入膝关节轻度的弯曲，伸膝肌肉群及臀大肌同样参与其中。当你的力量和自信增长之后，你可以在两只手中各握一只实心健身球来增加练习的难度。

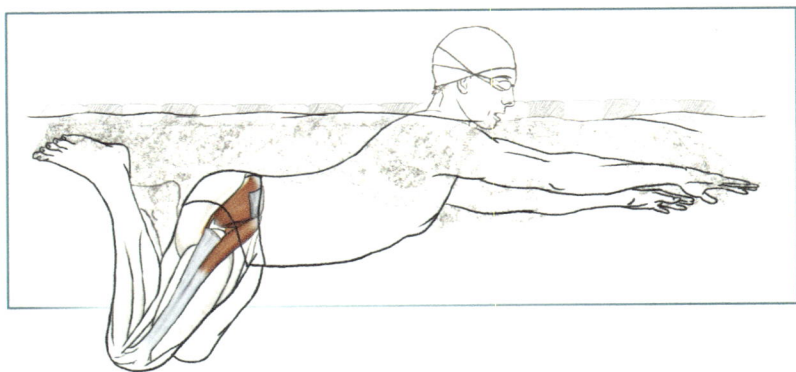

站立位髋外旋

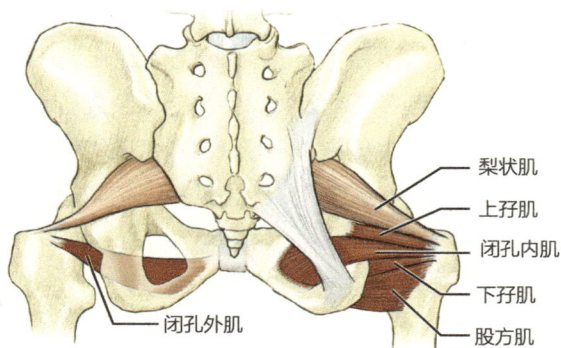

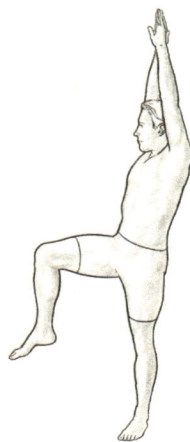

梨状肌
上孖肌
闭孔内肌
下孖肌
股方肌
闭孔外肌

开始姿势

执行要点 »

1 单腿站立,手和躯干够向另一侧的负重脚。

2 使用负重脚作为旋转的支点。

3 将手臂和躯干朝向天花板的一点,在同侧肩膀的上方稍后的位置。

4 保持游离腿处于弯曲的姿势,然后逐渐地连同躯干一起旋转,将膝关节同
手臂一起向上朝向天花板。

使用肌肉 »

主要： 闭孔内肌、上孖肌、下孖肌、闭孔外肌和股四头肌。

次要： 梨状肌、臀大肌和缝匠肌。

游泳聚焦 »

　　通过针对一组负责髋关节外旋的肌肉，本练习可以帮助蛙泳的踢腿动作中在推动阶段增强力量。同髋关节的内旋肌肉一样，外旋肌肉也是髋关节的稳定性肌肉。这使得此项练习可以帮助所有游泳者预防损伤。本练习中单腿进行的动作，与上肢躯干的动作相结合，使本练习能够促进上肢和下肢之间动作连接的平衡性。如前面练习中所提到的，动作的重点应该是强调保持平衡以及旋转的动作。通过在你够向地面的时候加入膝关节轻度的弯曲，你可以将伸膝肌肉和臀大肌结合起来。当你的力量和自信增强之后，你可以在两只手中各握一个实心健身球来增加本练习的难度。

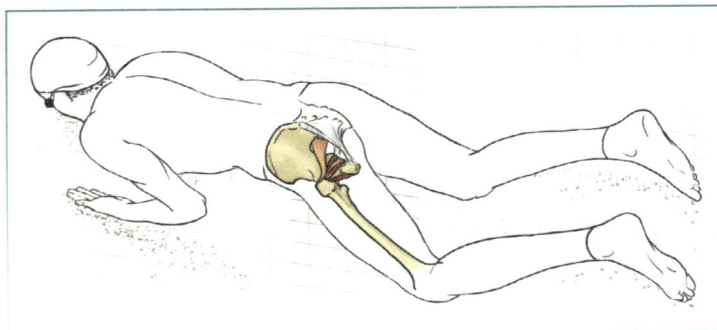

罗马尼亚硬拉（RDLs）

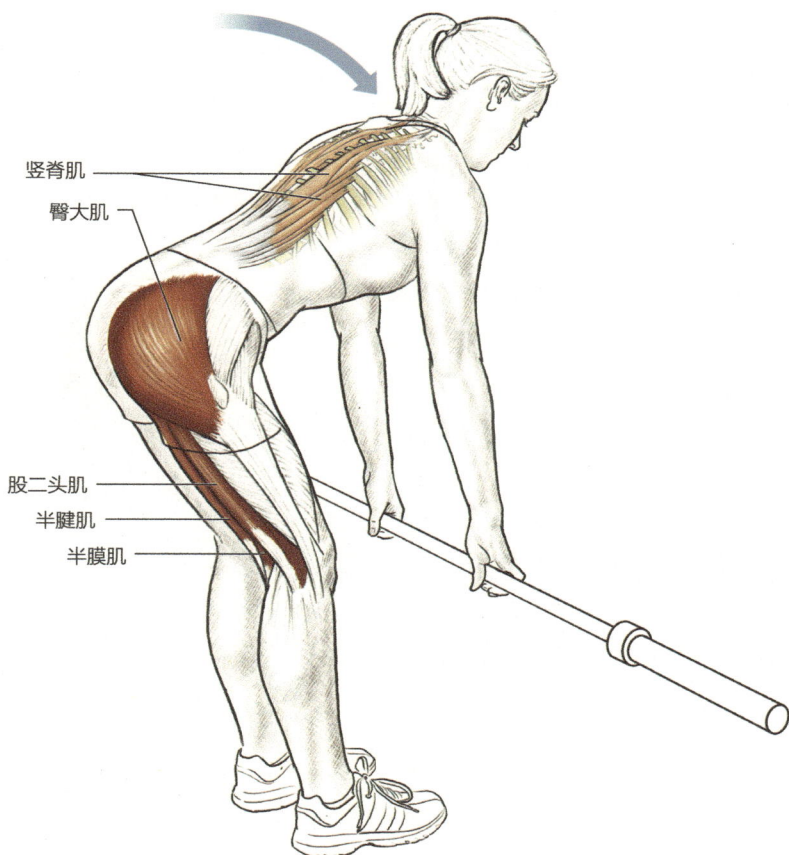

竖脊肌
臀大肌
股二头肌
半腱肌
半膜肌

执行要点 »

1 手朝下抓住杠铃，将脚分开与肩同宽。

2 轻轻地弯曲膝关节。

3 保持背部垂直，开始通过推动臀部向后来降低杠铃。

4 下降杠铃直到你感觉到腘绳肌有牵拉感。

5 直起身体回到起始位置。

使用肌肉 >>

主要： 臀大肌、股二头肌、半腱肌和半膜肌。

次要： 竖脊肌。

游泳聚焦 >>

  RDLs的主要针对臀大肌和腘绳肌肌肉群，这些肌肉主要在出发以及每个转身离墙之后进入流线型姿势中对伸直髋关节起到重要作用。臀大肌和腘绳肌在蛙泳踢腿的推动部分中，对伸直髋关节也有非常重要的

作用。

  为了确保正确地进行本练习，注意以下几点：（1）保持头向上，因为向下看会转动你的肩部，对脖子产生额外的压力；（2）在整个动作中保持背部的水平；（3）将髋部的动作分离出来。

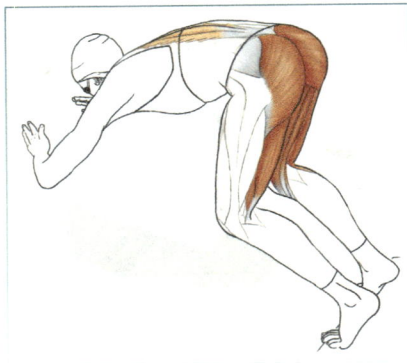

安全提示 如果不正确地进行本练习，特别是使用了过重的重量，就会存在损伤的风险，所以年轻的游泳者应该避免进行。

理疗球腘绳肌卷曲

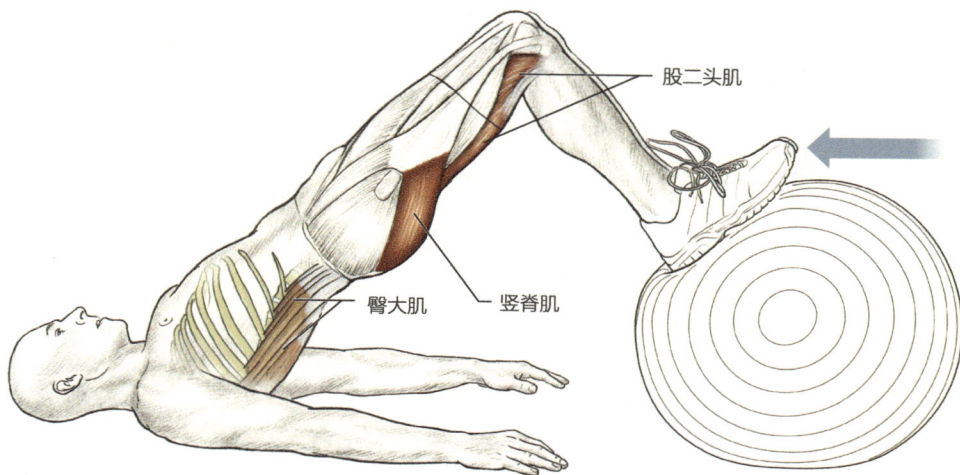

股二头肌

臀大肌　　竖脊肌

执行要点 »

1 背朝下躺，将理疗球踩在脚后跟下方。

2 收紧核心肌肉，抬起臀部朝向天花板。

3 不使臀部下落的状态下，将脚后跟拉向臀部。

4 伸直腿直到身体呈一条直线，从踝关节延伸到肩膀。然后重复。

使用肌肉 »

主要：臀大肌、股二头肌、半腱肌和半膜肌。

次要：竖脊肌。

游泳聚焦 »

　　想要增强腘绳肌力量的蛙泳游泳者会发现本练习非常有帮助。这个练习之所以有用是因为它针对的是腘绳肌、臀大肌和竖脊肌，这些都对保持严格的流线型姿势非常有帮助。那些无法去正规力量训练室进行练习的人可以通过本练习有针对性地对腘绳肌进行训练，因为它所需要的唯一的设备就是一个理疗球。

在你进行此练习之前，必须先要掌握CHAPTER6中所描述的理疗球桥练习。为了保持正确的身体姿势，在整个练习中核心肌肉都必须时刻保持紧张。如果没能保持核心稳定肌肉的收缩，会导致髋关节的向下掉落，以及练习有效性的降低。为了避免在脖子和头上加过多的压力，确保你的肩部与地面保持接触。

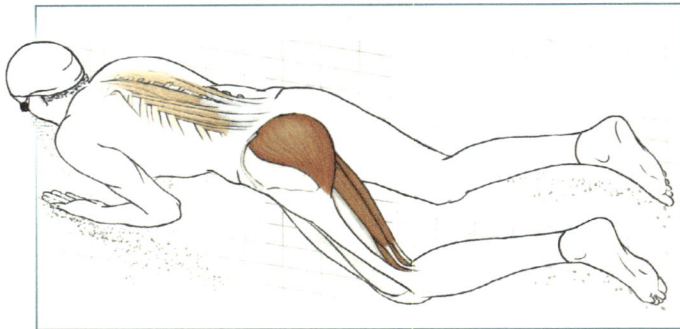

动作变化 »

单腿理疗球腘绳肌卷曲

由于将单腿分开时，增加了对平衡性及核心的肌肉力量的要求，这个动作变化只可以作为当你完全适应了双腿卷曲之后的一个进阶练习。主要的注意力应该放在保持身体从踝关节直到膝关节、臀部、肩膀处于一条直线上。

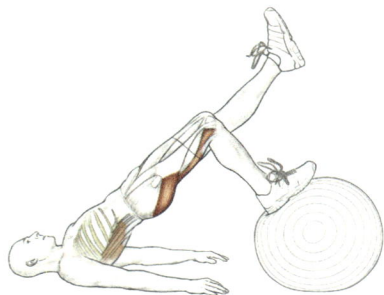

腿部卷曲

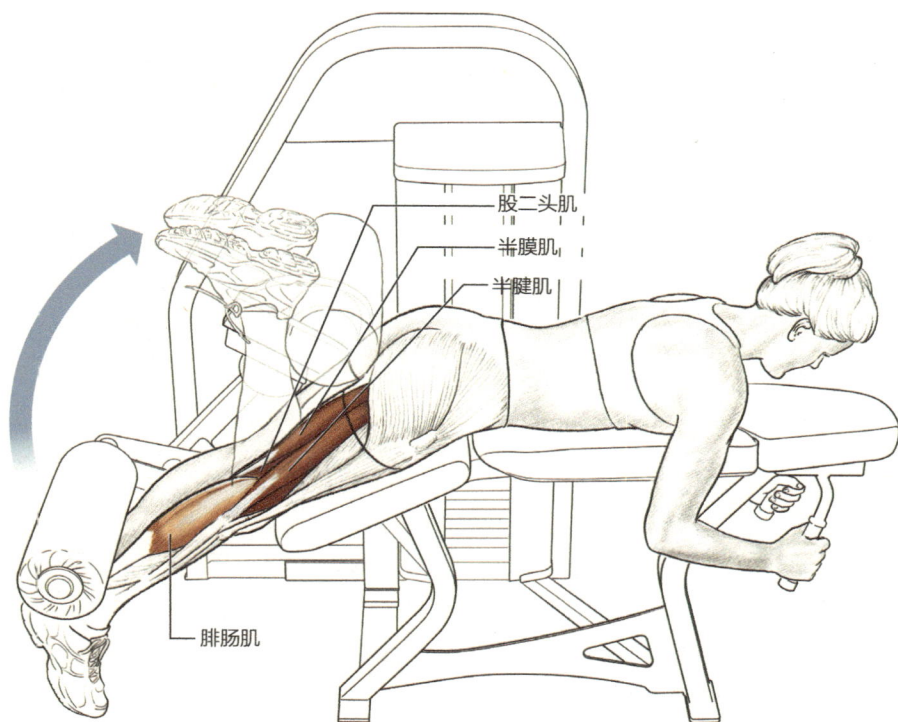

股二头肌
半膜肌
半腱肌
腓肠肌

执行要点 »

1 脸朝下躺于腘绳肌卷曲机器上，将后脚跟向上钩住滚筒软垫。

2 将脚后跟呈弧线形向前拉向臀部。

3 缓慢的放下配重片，回到起始位置。

使用肌肉 »

主要：股二头肌、半腱肌和半膜肌。

次要：腓肠肌。

🏊 游泳聚焦 »

虽然腘绳肌对于所有的四种泳姿中的踢腿阶段都有作用，但是它们主要是在蛙泳的恢复阶段脚后跟向臀部带动的过程中发挥作用。游泳者倾向于使用股四头肌作为主导，结果会导致股四头肌和腘绳肌之间力量的不平衡，为了避免这种不平衡的发生，游泳者需要在练习中将腘绳肌分开独立进行。

蛙泳的练习者需要在动作进行时将脚趾向外旋转，来尽量地模拟在水中的动作。这个姿势同样增加了股二头肌的动员。在进行本练习时避免将臀部抬起离开长椅。同时，进行本动作时应以缓慢、有控制的方式进行。不要尝试将滚筒软垫向后踢向臀部，而是应该拉动它们。

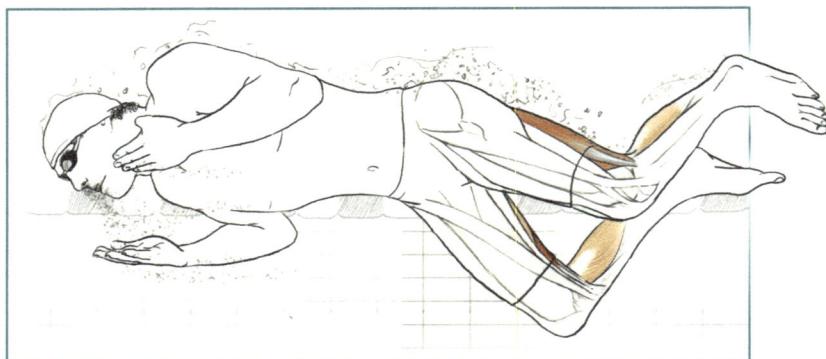

腿部伸展

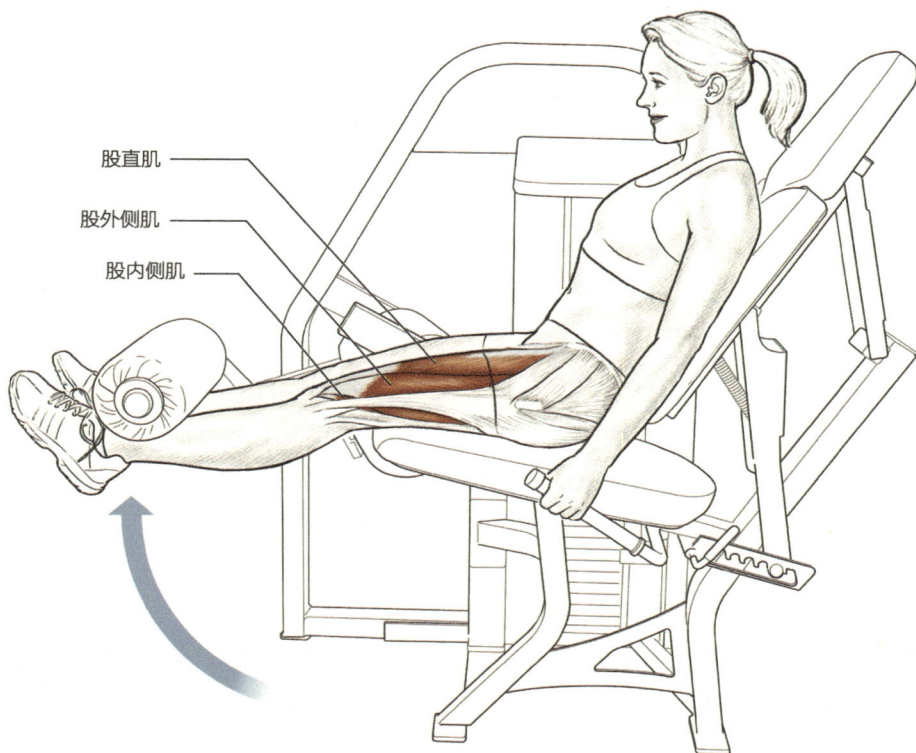

股直肌

股外侧肌

股内侧肌

执行要点 》

1 坐在腿部伸展器上，将踝关节钩住滚筒软垫的下部。

2 伸直腿直到膝关节成直线。

3 缓慢地放下腿到起始位置。

使用肌肉 》

主要：股直肌、股外侧肌、股中间肌和股内侧肌。

次要：无。

游泳聚焦

本练习直接针对股四头肌肌肉群和股直肌，来帮助增强所有四种泳姿中推进踢腿阶段的力量。这些肌肉同样在出发以及转身推离墙壁时的下肢动作中起作用。

为了将本练习的效果发挥到最佳，你必须在结束动作时，完全伸直膝关节，并且将这配重片非常缓慢有控制性地放下。当进行此练习时，注意力放在将滚筒软垫推动，而不是将它们踢向天花板的方向。

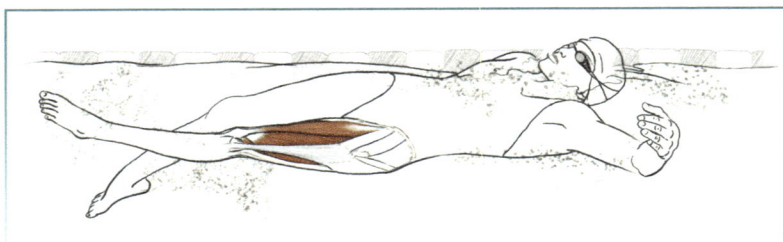

安全提示

正在经历膝部疼痛或者有相关的损伤史的游泳者需要避免此练习，因为它可能会增加髌腱以及髌骨（膝盖骨）下表面与股骨之间的摩擦。

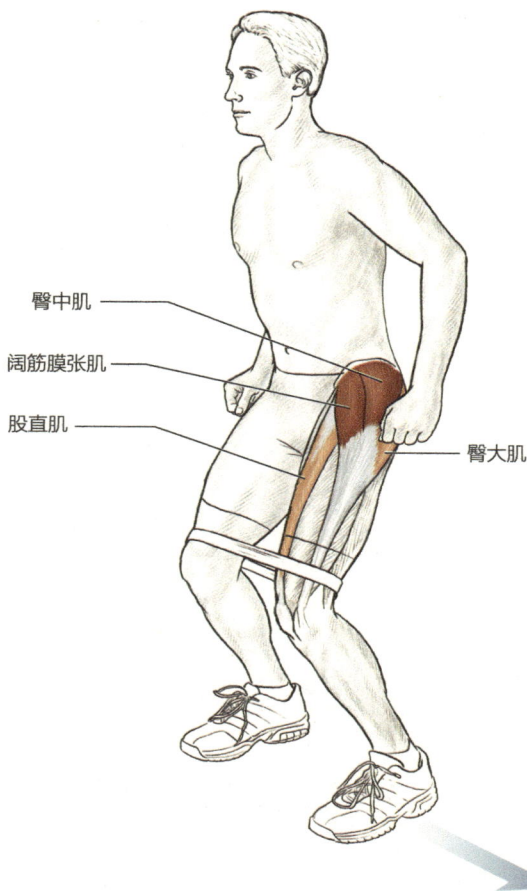

弹力带侧移

臀中肌

阔筋膜张肌

股直肌

臀大肌

执行要点 》

1 站立位，膝关节轻度弯曲，脚与肩同宽。

2 保持训练腿静止，引导腿向旁边迈出约 12~18 英寸（30~45 厘米）。

3 当引导腿放到地面之后，再移动训练腿。

4 重复第二和第三步，直到你完成整套动作的距离或者重复次数。

使用肌肉 》

主要： 阔筋膜张肌和臀中肌。

次要： 臀大肌和股直肌。

🏊 **游泳聚焦**

　　阔筋膜张肌和臀中肌是两个非常重要的骨盆稳定肌肉。它们在所有四种泳姿的踢腿动作中也起到一定作用。这些肌肉的力量训练通常在陆上训练中被忽视。本练习应该在一年中多次周期性地加入陆上训练计划，以确保这些肌肉不被忽视。蛙泳的游泳运动员更加依赖于强壮和稳定的臀部，所以应该更多地进行此训练。动作中对于股直肌和臀大肌的锻炼可以通过膝关节弯曲度的增加而增强。

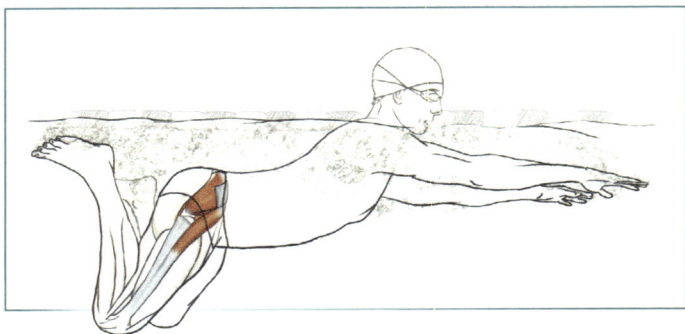

安全提示　　将弹力带放于膝关节以下，可能会对膝关节附近的髌腱和韧带产生过度的压力。

动作变化 ≫

弹力带对角线移动

在动作中加入对角线的部分可以明显地增强对股直肌的锻炼，进而可以帮助在所有泳姿中踢腿力量的增强。但是本动作变化会削弱对臀中肌的激活。

站立位髋内收

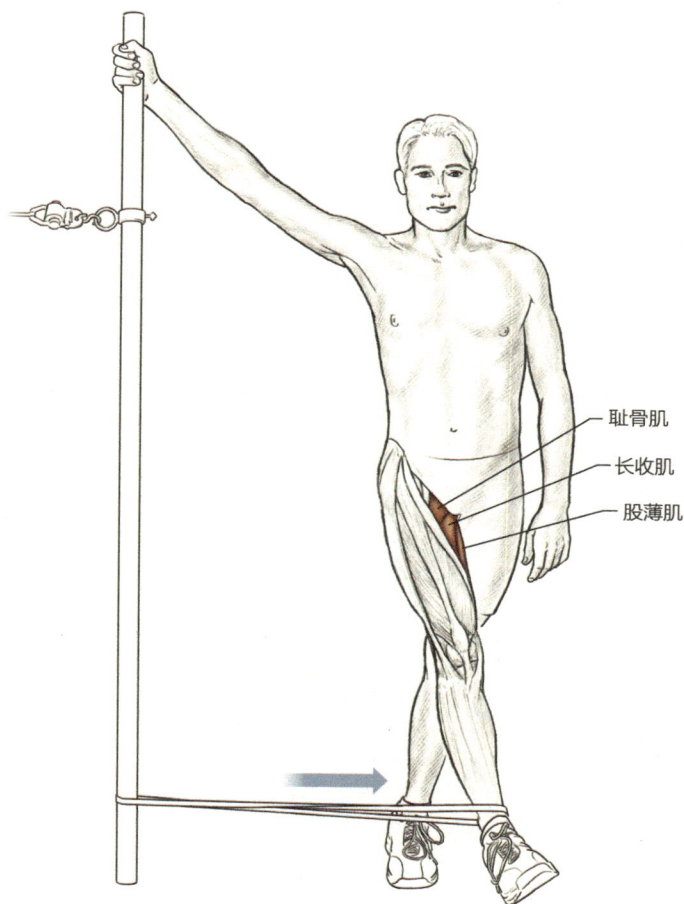

耻骨肌
长收肌
股薄肌

执行要点 >>

1 站于仰泳用旗杆的一侧，并将一根弹力带固定在旗杆上，踝关节靠近旗杆。收紧核心肌肉来稳定髋关节。

2 允许弹力带的阻力将腿拉向一侧。

3 保持膝关节伸直，拉动你的腿，交叉放于稳定腿的前方。

4 缓慢地回到起始位置。

使用肌肉 >>

主要： 大收肌、长收肌、短收肌、耻骨肌和股薄肌。

次要： 腹横肌、腹外斜肌和腹内斜肌。

游泳聚焦 >>

　　直接针对内收肌群进行练习可以帮助蛙泳的游泳者增强踢腿的力量与耐力。

　　当进行本练习时，收紧核心肌肉，控制上半身于直立向上的位置，可以帮助分离内收肌群。游泳者正在经历或者有膝关节疼痛史，需要将弹力带锚定于膝关节上方。

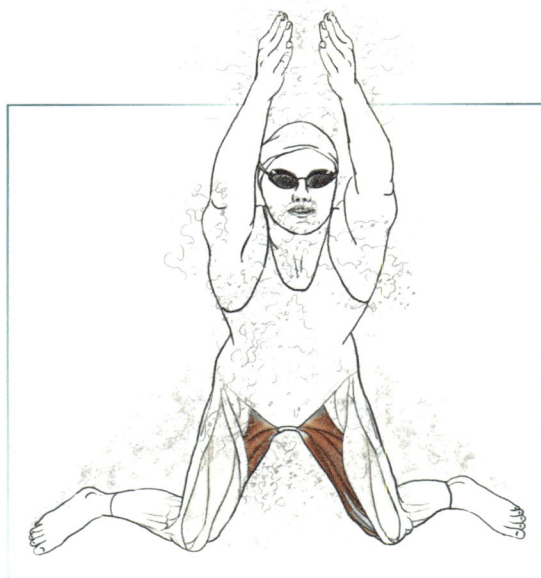

内外翻踝部练习带

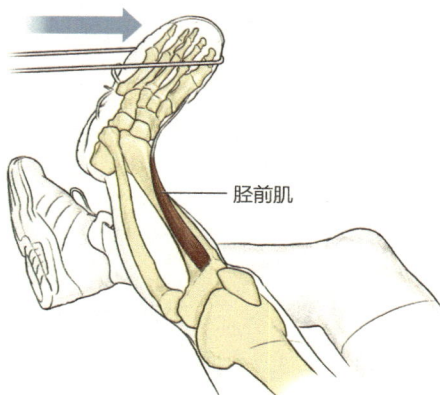

胫前肌

内翻

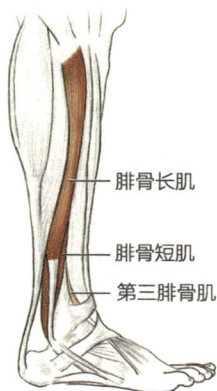

腓骨长肌

腓骨短肌

第三腓骨肌

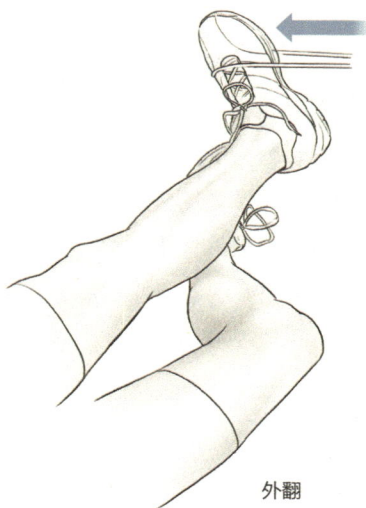

外翻

内翻执行要点 》

1 脚支撑于地面上，将练习带绕过前足，使阻力来自于锚定点，指向练习脚的外侧。

2 膝关节和髋关节不旋转的情况下，将脚趾向前拉向身体中线。

3 缓慢回到起始位置。

外翻执行要点 >>

1 脚支撑于地面上，将练习带绕过前足，使阻力来自于锚定点，指向练习脚的内侧。

2 膝关节和髋关节不旋转的情况下，将脚趾向外拉向与身体中线相反的方向。

3 缓慢回到起始位置。

使用肌肉 >>

主要： 胫前肌和胫后肌（内翻）；腓骨长肌和腓骨短肌（外翻）。

次要： 指长屈肌和拇长屈肌（内翻）；第三腓骨肌（外翻）。

游泳聚焦 >>

踝关节内翻（胫前肌，胫后肌）和外翻（腓骨肌肉群）肌肉，对于稳定踝关节都是非常重要的。此练习针对的这些肌肉可以帮助保护踝关节，增强动态的稳定性。踝关节有力的内翻可以帮助在摆动和拍动踢腿动作中，维持脚处于轻微内翻姿势。加强脚踝处的外转肌力度有助于脚踝和脚部的定位，正如腿部力度是蛙泳中确定臀部位置的道理一样。踝外翻同样提供踝外侧的稳定性，保护踝关节在进行其他交叉训练活动，如跑步中防止严重扭伤。

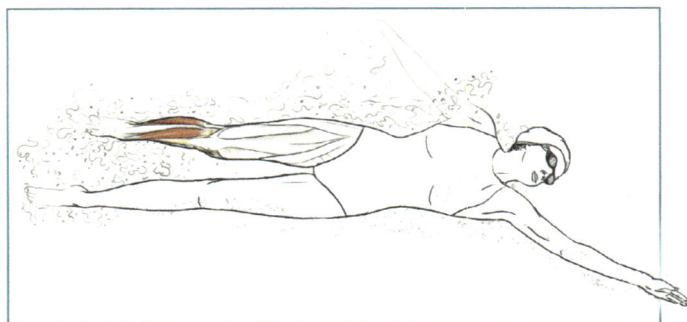

全身训练

本章关注的全身训练需要上肢、下肢及躯干肌肉同时活动来完成。由于前面的章节介绍了各个关节以及肌肉的解剖、肌肉的活动，以及它们在游泳中的作用，本章所关注的是描述全身关节训练的重要性，以及这些练习在增进游泳水平中所发挥的地位。

前面的章节关注的是通过练习单一关节中各个动作的结合来训练上肢或下肢的关节。而相反的是本章中的练习将上下肢融为一体，作为全身训练动作的一部分。通过一个练习，将这些区域与核心区结合起来。这些练习包括多关节以及多肌肉组的动作，因此非常有帮助，并有运动特异性。

当在训练中所使用的关节或肌肉群增加时，这个训练的特异性就增加。例如，一个单纯的肱三头肌伸直训练，只伸直一个肘关节，使用一个肌肉群肱三头肌。与此同时，波比训练，本章中后面所描述的一个练习，是一个全身性练习，包括下肢和上肢的动作，因此使用了多个肌肉群。这两类练习的不同点非常明显，我们更关注他们的优点和缺点各是什么？三头肌伸直练习的主要优点是它使用的单一肌肉群，所导致的结果就是，对于这个肌肉抗阻力量程度的控制（通过增减重量）就非常的容易，就可以只针对三头肌进行直接的力量练习。这个动作最主要的缺点是它对游泳训练没有特异性，因为它只包括了一个单一的关节。而波比训练的主要优点是多关节和多肌肉群参与，它强调在训练的最后跳跃成一个流线型姿势，这对于游泳运动非常有特异性。其他的优点包括动作的协调性、核心肌肉结构的激活，以及包含一个爆发性弹跳的成分。通过上下肢以及核心肌肉的联合动作，游泳者可以在这个训练中找到一些能够帮助他们促进力量以及游泳动作有效性的部分。而波比训练和其他全身性训练都存在同一个缺点，是由于它们联合使用了多个肌肉群，所以强壮的肌肉会代偿薄弱的肌肉。例如，一个非常快速的游泳者可能会是团队中踢腿最慢的，如果他们的上肢游泳机制足够强壮，足以代替薄弱的下肢踢腿动作。尽管全身训练非常重要，你仍然需要更多地注重上肢和下肢多关节练习动作，以及额外的单独练习，以完成一个非常全面的陆上训练计划。将全身训练作为你主要的动作套路，而其他练习作为提高或者技术性工作来微调你的游泳技巧。

除了要关注动作的全身性，许多练习还着重关注动作的爆发性。训练原则如下。提高你出发以及踢墙转身能力的最佳方法是在你的陆上训练计划中加入爆发性练习。这些练习的关注点是帮助你学会通过下肢和核心肌肉来产生力量。使用泳池外的训练来增加力量的好处是可以连续地重复很多次，并且能够更容易地在技术上得到反馈和纠正。

这些练习有一些需要特别注意的地方，第一点就是由于这些练习联合了多个关节，这些关节之间的动作必须协调一致。一个没有结合好的例子就是在波比练习中，开始进行跳跃动作之前就先进入流线型姿势。过早的进入流线型姿势就去掉了可以帮助你跳得更高的上臂产生力量的摆动动作。与游泳相类似的动作应该是，在离开踏板的跳跃动作之前，将手臂保持呈流线型姿势。缺乏协同性会将全身的运动转变为许多分离的单关节练习，降低了运动的特异性。另外由于练习的复杂本质，应该强调技术上的完美。因此，当第一次进行这些练习时，你必须关注你动作的质量，而不是数量。这些建议对于跳跃性及爆发性训练时尤其重要，不只是因为爆发性动作的不可控性增加了运动损伤的风险，同时也因为相应的落地地点增加了下肢承受的压力。有一个方法可以确保开始这些练习时有恰当的技术，就是在有足够的力量和能力之前，很少使用或者完全不用重量负荷来保证正确的技术。最后一个重点是，在进行这些练习时核心肌肉结构的稳定性是非常重要的。核心肌肉的功能不只是将上下肢的动作连接起来，同时也作为一个稳定结构来保护上背部和下背部。因此你必须在每一个练习的开始之时就固定核心肌肉。CHAPTER5中详细地描述了如何来固定核心肌肉。

一组被称为奥林匹克上举的全身训练，对于增强速度、力量和控制力都非常的有好处。但是由于这样复杂的练习需要通过有资质的人来进行教授和指导（如有证书的体能教练），所以它们并没有包括在本书中。两种普通的奥林匹克上举对于高级水平的游泳者来说可以使用，但是必须有恰当的指导和介绍为前提，这两个动作是悬吊移动和悬吊抓握。这是两个最适用于增强核心和下肢肌肉力量的练习。以短道项目为专业的游泳者（50~100米），会从这些上举练习中得到最多的好处。最主要的收获应该是在开始离岸以及转身离墙时的爆发力。因为这些练习中所使用的技巧很高，要求给予指导的人必须是有资质的奥林匹克举重教练，或者是有资质的力量和健康训练专家。

　　本章中所包括的所有练习都是非常有益的，因为它们都训练了全身的肌肉系统，这些练习的优点是它们不需要有资质的力量教练来进行介绍和指导。但是通常来说，你都需要教练来指导你的练习，只有这样你才能够对于你的技术得到持续的反馈。

单臂割草机式

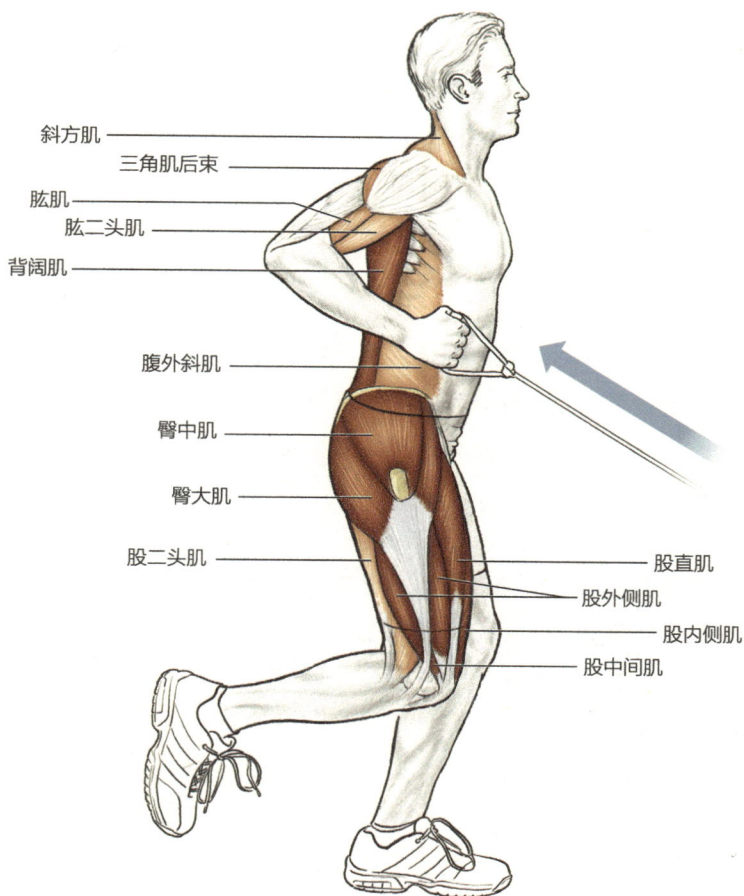

斜方肌

三角肌后束

肱肌

肱二头肌

背阔肌

腹外斜肌

臀中肌

臀大肌

股二头肌

股直肌

股外侧肌

股内侧肌

股中间肌

执行要点 >>

1 单腿保持平衡，面朝向滑轮机器约 3~4 英尺（约 1~1.2 米）远。手臂向前伸直，反手抓住马镫形把手。

2 用髋关节力量起带动动作，下降身体，直到完全将上肢移动到割草机式的起始位置。

3 通过伸直腿，拉动把手朝向身体，回到身体向上的姿势。

4 当将手柄拉向身体时，注意夹紧肩带向后。

使用肌肉 >>

主要： 股直肌、股外侧肌、股内侧肌、股中间肌、臀大肌、臀中肌和背阔肌。

次要： 股二头肌、半腱肌、半膜肌、竖脊肌、腹外斜肌、腹内斜肌、斜方肌、大菱形肌、小菱形肌、大圆肌、三角肌后束、肱二头肌和肱肌。

🏊 游泳聚焦 >>

通过将上下肢的动作连接到一起，并且加入躯干的旋转动作，此练习可以增强在自由泳和仰泳中上肢和腿的连接的力量。在动作的末尾部分强调肩关节的收紧，可以使本练习有助于自由泳恢复阶段的起始阶段。

为了增强上肢和腿的连接，在练习的开始就固定核心肌肉至关重要。这样做可以强化核心稳定肌肉结构。当进行本练习时，你必须将上肢和下肢动作联合起来，将动作分开会降低这种相互连接的好处。同其他下肢练习一样，当身体向下降时，膝关节的前方不应该超过脚趾尖的位置。

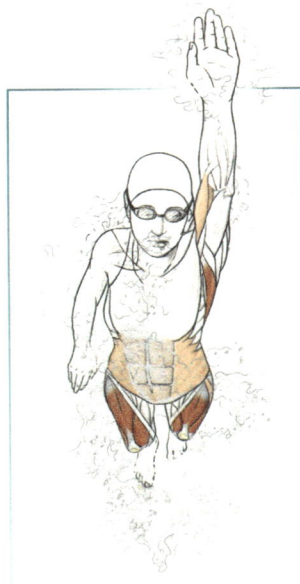

波比

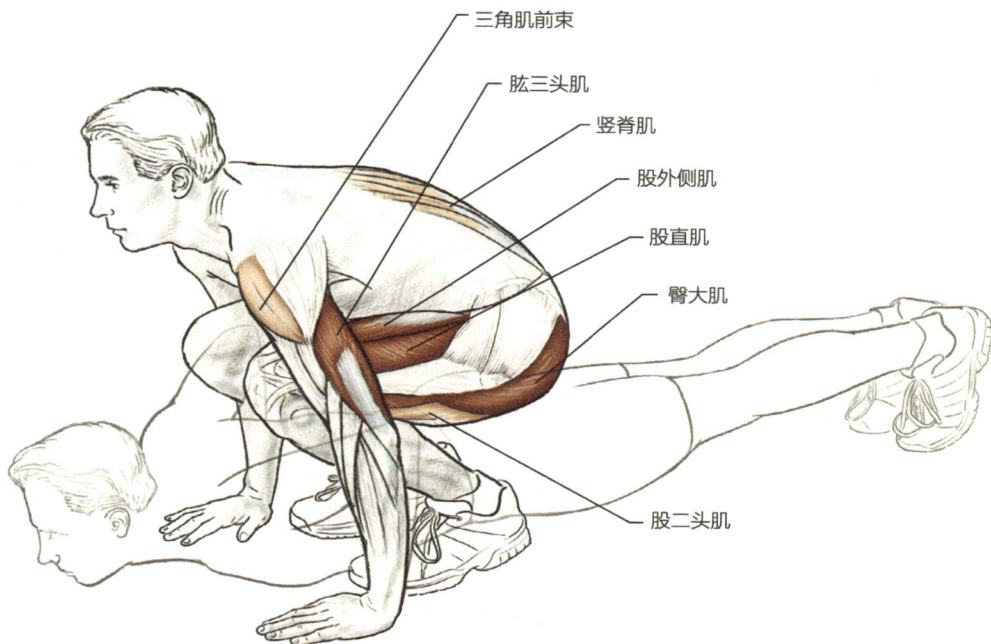

三角肌前束

肱三头肌

竖脊肌

股外侧肌

股直肌

臀大肌

股二头肌

执行要点 »

1 从站立位开始下落，变为由手支撑，并且向后直踢出脚。

2 向下到伏卧撑的姿势，然后向上推，当你完成了俯卧撑之后，将脚向前带到你的臀部下方。

3 向上跳起，举起手臂超过头顶形成流线型姿势。

4 通过垂直向下落来吸收地面的力量，从而进入另一个循环动作。

使用肌肉 »

主要： 股直肌、股外侧肌、股中间肌、股内侧肌、臀大肌、胸大肌和肱三头肌。

次要： 股二头肌、半腱肌、半膜肌、竖脊肌和三角肌前束。

🏊 **游泳聚焦** »

这个非常好的陆上训练可以很容易加入到循环训练计划中，因为它不需要任何器械。本练习最主要的关注点是，从俯卧撑的姿势转换为流线型的姿势。当把脚收回到臀部以下时要强调快速，以此来增加你在蝶泳和蛙泳中第一个转身中的速度。

同普通的俯卧撑一样，保持身体严格的姿势非常重要，你需要从踝关节到臀部再到头顶都保持一条直线。向上或向下弯曲下背部都是技术上的错误，可能会导致脊柱过度的压力。为了保护身体特别是膝关节，不经受过大的重压，你需要从跳起到着地时，膝关节轻微地弯曲来吸收地面的力量。在一个防滑练习垫上进行本练习可以帮助你保护下肢，避免承受过度重压。

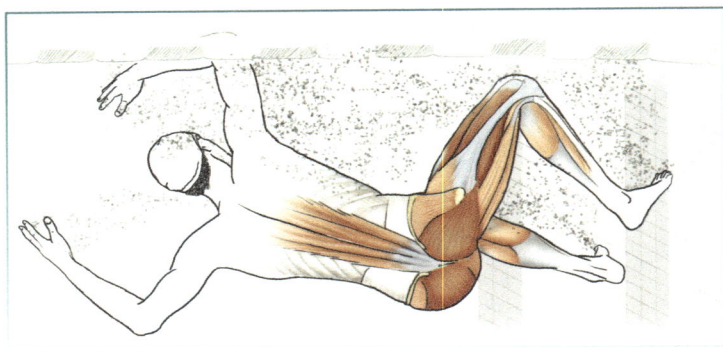

安全提示 对于年轻的游泳者来说，在陆上训练计划中加入本练习之前，他或她应该有足够的力量和协调性，来正确地完成一个普通的俯卧撑动作。

跳台起跳到流线型姿势

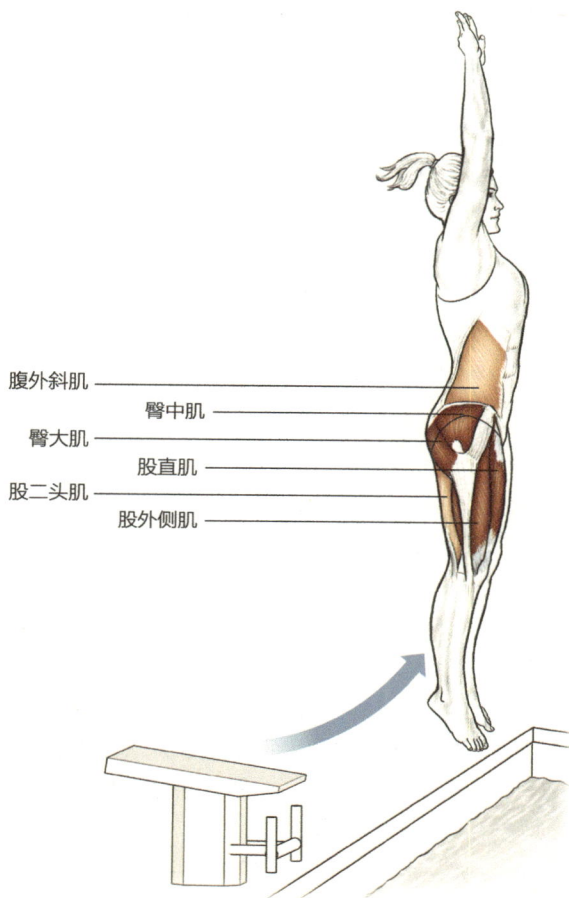

腹外斜肌

臀中肌

臀大肌

股直肌

股二头肌

股外侧肌

执行要点 »

1 身体固定于你选择的跳台出发姿势上。

2 从跳台起跳，直到一个垂直的流线型姿势。

3 保持垂直流线型姿势直到你进入水中。

使用肌肉 »

主要：股直肌、股内侧肌、股中间肌、股外侧肌、臀大肌、臀中肌和竖脊肌。

次要：股二头肌、半腱肌、半膜肌、股薄肌、腹外斜肌、腹内斜肌和腹横肌。

🏊 **游泳聚焦**

这个过渡性练习帮助你从跳台起跳到一个完整的流线型姿势。同你在跳台跳起时一样，开始的注意力要放在向最高处跳跃。然后紧接着注意力快速地转向保持一个严格的垂直的流线型姿势。通过加入启动跳跃的指示，可以帮助你加入快速反应的训练。

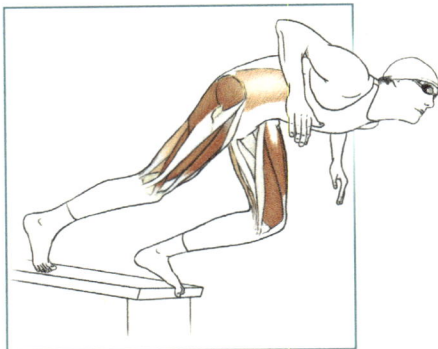

安全提示

出于安全考虑，本练习应该在池水深度至少5英尺（约150厘米）的游泳池中进行。水池的深度决定了游泳者保持垂直流线型姿势的时间。在浅的游泳池中，当接触到池底时，游泳者需要通过轻微地弯曲膝关节来入水以吸收着陆的力量，这就打破了流线型姿势。

动作变化 》

陆上跳台起跳到流线型姿势

在陆上进行的变化动作可以被加入到周期训练计划，或者是一个健身房环境的进阶的训练计划中。为了避免在下肢关节上加过度的压力，膝关节需要在刚开始接触地面时轻度的弯曲，以吸收着陆的力量。

弹力带抗阻出发

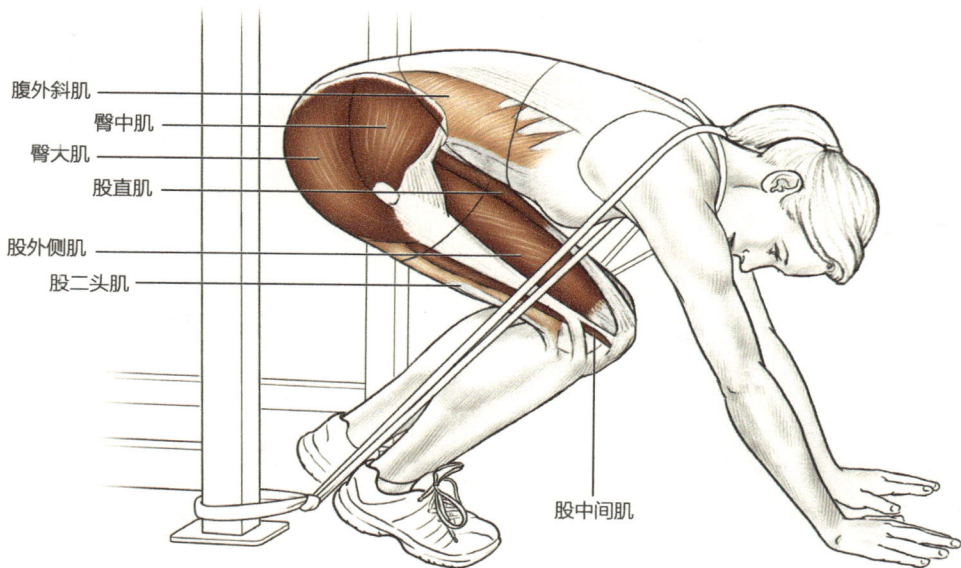

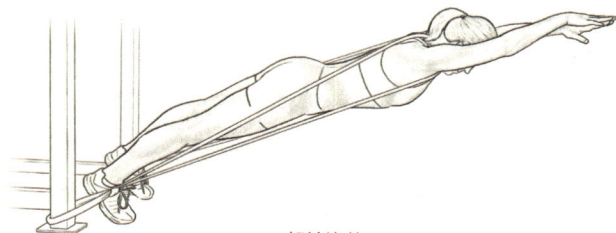

腹外斜肌
臀中肌
臀大肌
股直肌
股外侧肌
股二头肌

股中间肌

起始姿势

执行要点 »

1 在一个水平的起始姿势，固定脚趾和脚掌，抵在一个坚固的物体上。

2 练习用弹力带以对角线的形式跨过身体，锚定于固定点相对的肩关节上。

3 模仿跳台出发的姿势，爆发性地对抗弹力带的阻力。

4 为了避免你用手臂向外支撑身体，在练习的最后你可以将一只脚向前移出来支撑。

使用肌肉 »

主要： 股直肌、股内侧肌、股中间肌、骨外侧肌、臀大肌、臀中肌和竖脊肌。

次要： 股二头肌、半腱肌、半膜肌、大收肌、长收肌、短收肌、耻骨肌、腘绳肌、腹外斜肌、腹内斜肌和腹横肌。

🏊 游泳聚焦 »

本练习特别针对的是你在离开跳台出发的时候所使用的肌肉。将本练习的好处最大化的关键是练习弹力带的放置位置，以使在刚开始的姿势时，弹力带上就已经有很小量的张力。这个张力可以保证在整个动作的过程中阻力增加和力量增强。

为了使本练习尽量地切合实际，你需要将注意力放在转移到流线型姿势上，就如你平时在常规的出发时的动作一样。为了保护你的背部，在练习的开始处你需要固定核心肌肉结构，然后在整个练习过程中都始终保持夹紧。当向前的动作结束时，你可以将一只脚向前来稳定住身体。将手伸出并且以伸长的手为支撑点是最常引起上肢损伤的动作。

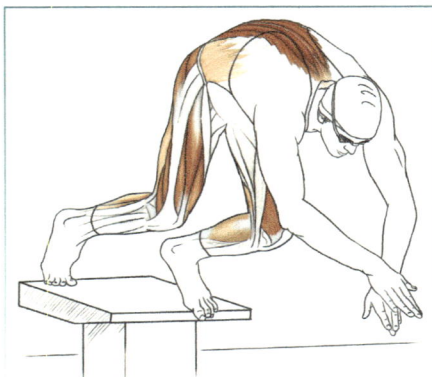

安全提示　由于此练习的复杂性，年轻的游泳者应该避免进行。

跳箱子

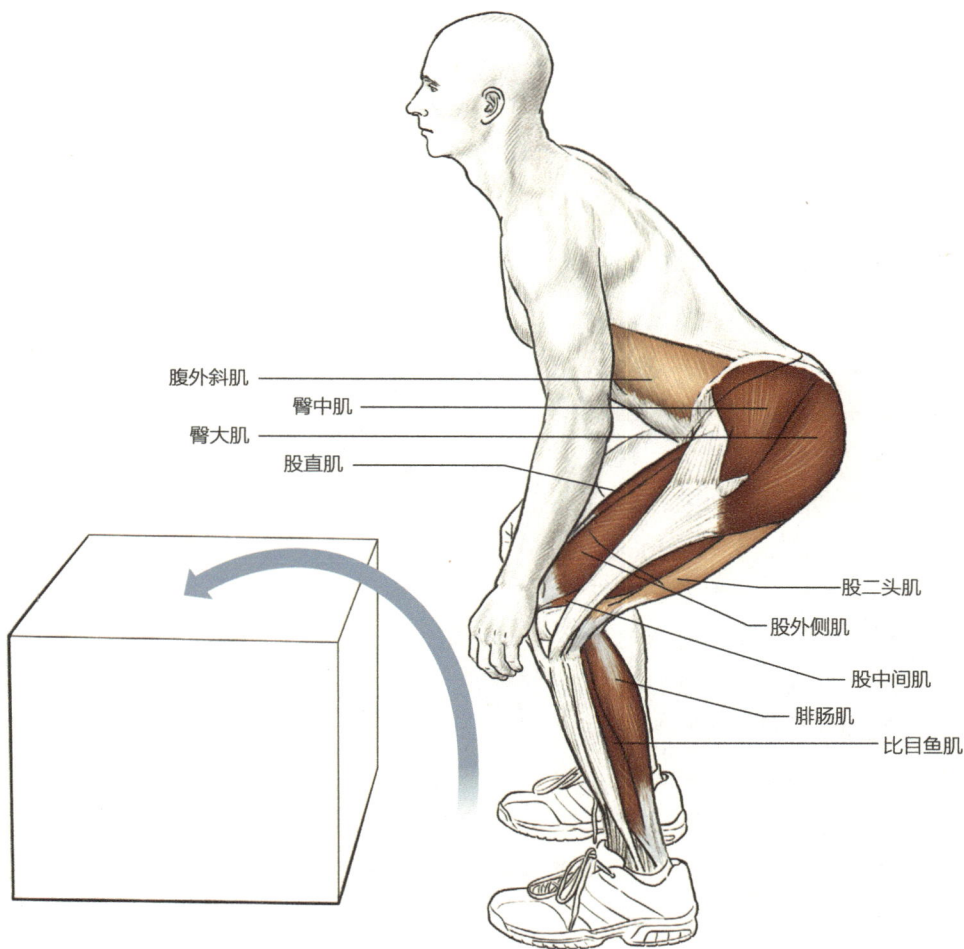

腹外斜肌

臀中肌

臀大肌

股直肌

股二头肌

股外侧肌

股中间肌

腓肠肌

比目鱼肌

执行要点 »

1　站在一个跳箱前 6 到 8 英寸（15~20 厘米），然后呈四分之一蹲姿势。

2　跳上箱子，用脚直接于身体正下方着地，保持膝盖轻度的弯曲。

3　在箱子上站起身直立完成动作。

4　缓慢地有控制地迈下箱子。

使用肌肉 »

主要： 股直肌、股内侧肌、股中间肌、股外侧肌、臀大肌、臀中肌、腓肠肌和比目鱼肌。

次要： 股二头肌、半腱肌、半膜肌、腹外斜肌、腹内斜肌、腹横肌和竖脊肌。

游泳聚焦 »

跳箱子是一个非常有用的练习，可以增长下肢的速度和力量，来帮助你提升跳起出发以及转身离场墙的能力。跳上箱子与普通的向高处跳相比有两个主要的好处：（1）箱子的高度可以被看成一个有激励性的目标；（2）在箱子上着陆可以减少在下肢上所施加的压力。跳箱子同样可以作为学习如何使用手臂来增强跳跃高度的一个很好的训练，而这可以转变为提高跳起离开跳台的距离的练习。你可以在跳跃的开始阶段通过爆发性的摆动手臂，来增加跳跃的高度。

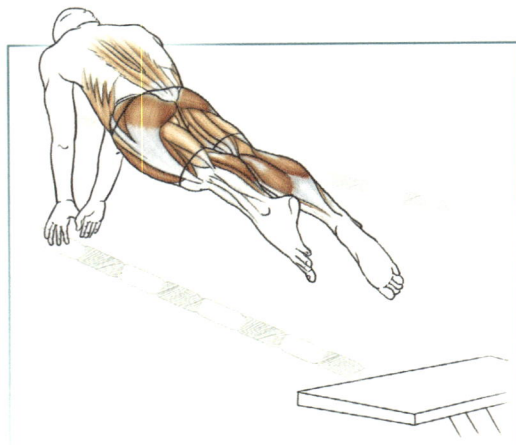

本练习两个常见的错误是抱膝将膝关节带向胸部而不是真正的向上跳起，没有保持胸部挺直。

安全提示　为了避免在下肢上施加过度的压力，应该缓慢地走下箱子而不是向下跳。

对角线绳索提拉

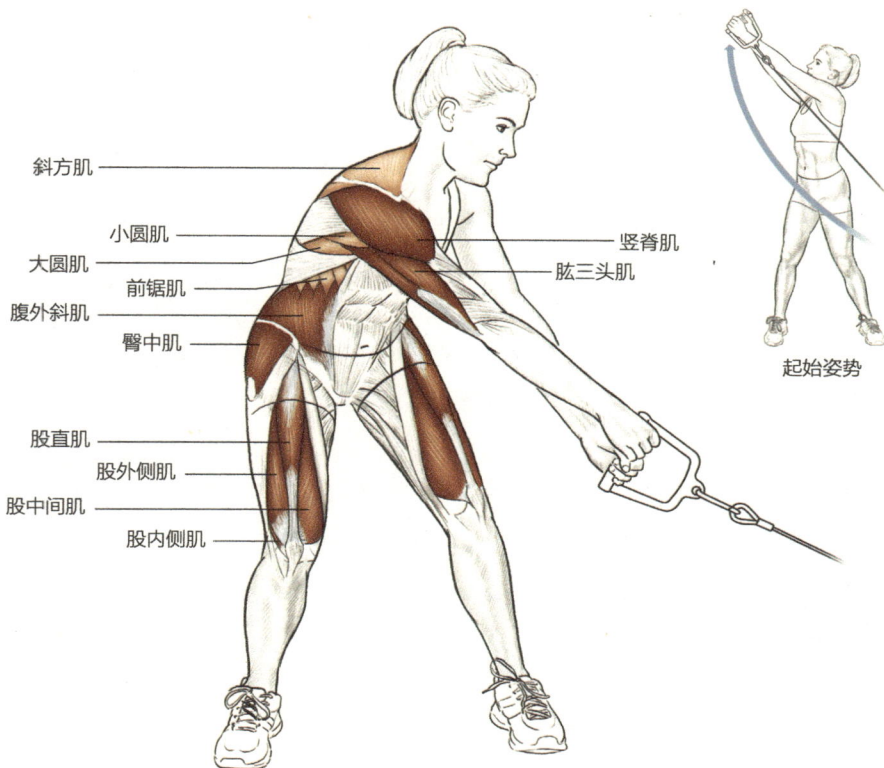

斜方肌
小圆肌
大圆肌
前锯肌
腹外斜肌
臀中肌

股直肌
股外侧肌
股中间肌
股内侧肌

竖脊肌
肱三头肌

起始姿势

执行要点 »

1 在绳索滑轮机器旁，约两英尺（约60厘米）处站立，两脚与肩同宽。

2 呈半蹲姿势，身体向下，转动身体抓住滑轮手柄。

3 使用联合动作，伸直腿将手柄成弧线形向上拉到肩部外侧。

4 缓慢地回到起始位置。

使用肌肉 »

主要：股直肌、股内侧肌、股中间肌、股外侧肌、臀大肌、臀中肌、竖脊肌、腹外斜肌、腹内斜肌、三角肌前束、三角肌中束、三角肌后束和肱三头肌。

次要：股二头肌、半腱肌、半膜肌、前锯肌、斜方肌、大圆肌、小圆肌、冈上肌、大菱形肌和小菱形肌。

游泳聚焦

　　本练习中头顶上方的动作部分可以帮助游泳者，特别是仰泳的运动员，增强他们在开始动作的力量和自信。综合了对角线以及旋转动作，使本练习可以成为增强核心肌肉力量的同时增强上下肢之间联系的一个非常好的训练。腿部的动作部分可以帮助所有的游泳者增强他们在开始以及转身时的力量。仰泳的游泳者会发现本练习特别有帮助，因为这是一个与他们在水中出发离墙动作非常相似的方式来注重将手臂和腿的动作连接在一起的陆上训练。

　　腿部动作的额外注意点，是在练习开始时下蹲的深度。与其他下肢练习一样，确保膝关节没有超过脚趾的前端。为了加入躯干的旋转动作，在进行整个动作时视线应跟随手的移动路径。

　　将此练习用于年轻的游泳者的一个很好的方法是，在开始时不使用任何阻力，然后使用一个低重量的实心健身球。

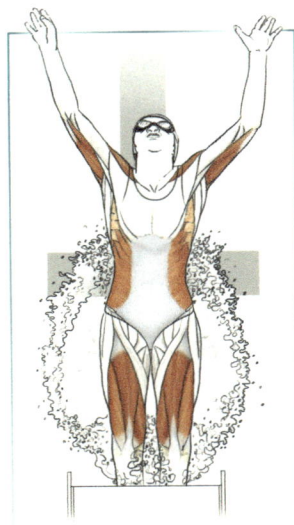

动作变化 》

对角线实心健身球提拉

使用实心健身球作为阻力来源可以让你在此练习中加入爆发性训练的部分。当使用实心健身球进行此动作时，注意向上扔起实心健身球超过一侧肩膀，注意力放在超过肩膀的高度。

索 引

运动中的游泳者

手臂

肩

胸部

腹部

背部

腿部

全身训练